体育教学创新及训练实践探究

周玉成　邢家睿　张孔军　著

延吉·延边大学出版社

图书在版编目（CIP）数据

体育教学创新及训练实践探究 / 周玉成，邢家睿，
张孔军著. -- 延吉：延边大学出版社，2024. 9.
ISBN 978-7-230-07218-2

Ⅰ. G807.4

中国国家版本馆CIP数据核字第20245GM506号

体育教学创新及训练实践探究
TIYU JIAOXUE CHUANGXIN JI XUNLIAN SHIJIAN TANJIU

——————————————————————————————

著　　者：周玉成　邢家睿　张孔军
责任编辑：王治刚
封面设计：文合文化
出版发行：延边大学出版社
社　　址：吉林省延吉市公园路977号　　邮　　编：133002
网　　址：http://www.ydcbs.com　　E-mail：ydcbs@ydcbs.com
电　　话：0433-2732435　　传　　真：0433-2732434
印　　刷：廊坊市广阳区九洲印刷厂
开　　本：710mm×1000mm　1/16
印　　张：12.5
字　　数：220 千字
版　　次：2024 年 9 月 第 1 版
印　　次：2024 年 9 月 第 1 次印刷
书　　号：ISBN 978-7-230-07218-2

——————————————————————————————

定价：78.00元

前　言

随着社会对健康生活方式重视程度的日益提升，体育的社会价值和地位也在日益提高。在人类文明的长河中，体育运动一直是促进身心健康、锤炼意志品质的重要途径。如今，探索体育教学创新及训练实践，不仅是适应时代发展的必然要求，也是提升体育教学质量、促进学生全面发展的关键所在。教师需要重新审视体育教学的目标定位，创新教学内容、方法，引入更多元的运动项目，采用更加灵活多样的教学手段，以满足学生多样化的学习需求；需要强化实践训练，通过科学合理的训练计划与评价体系，提高学生的运动技能与体能水平，培养其坚韧不拔的意志和团队协作的精神。

本书共六章。第一章介绍了体育教学的目标与规律、原则与过程、特征与内容。第二章阐述了体育教学方法的概念、特点、重要性、基本类型、选择、优化组合。第三章论述了体育教学模式及其创新。第四章谈论了互联网技术在体育教学中的应用，联系慕课、微课、翻转课堂、手机 APP 等展开详细论述。第五章讲述了体育训练的内涵、内容、理念、目的、原则、生理理论等。第六章探讨了体育训练实践，包括体育训练计划的制订、体育训练运动负荷、科学化体育运动训练的策略等。

在编写本书的过程中，笔者参考了许多资料，在此向相关著作的作者表示最诚挚的谢意。另外，由于笔者时间与精力有限，书中难免存在疏漏之处，恳请广大读者批评指正。

笔者

2024 年 9 月

目　　录

第一章　体育教学概论

第一节　体育教学的目标与规律

体育是人类千百年来智慧与力量的最好结合，随着国际交往的日益扩大，体育事业发展的规模和水平已成为衡量一个国家和地区社会发展水平的重要标志，也是国家间交往及文化交流的重要手段。

体育教学，是按一定计划和课程标准进行的有目的和有组织的教育过程。体育教学由教师和学生共同参与，其任务是向学生传授体育知识、技术与技能，增强其体质，培养其道德、意志、品质等。

一、体育教学的目标

教学目标是指教学活动实施的方向和结果，是一切教学活动的立足点与归宿。课程目标是教学目标的基础和指导。

体育教学目标是体育教学活动主体预先确定的、在具体体育教学活动中所要达到的、利用现有技术手段可以测量的教学结果。

（一）体育教学目标的结构

1.体育教学目标的外部结构

体育教学目标的外部结构，就是不属于体育教学目标内容但规定着体育教学目标内容的特点与标志等。

具体而言，体育教学目标的外部结构主要包括以下几点：

（1）体育教学目标的层次

体育教学目标是有层次结构的。体育教学目标的层次结构有横向与纵向之分。

①体育教学目标的横向层次。体育教学目标的横向层次反映了各种具体的体育教学目标之间的关系。从横向来看，体育教学目标大致可以分为知识与能力目标、过程与方法目标、情感态度与价值观目标等。这些目标是相互独立的，又有一定的联系，对总的体育教学目标的实现有一定制约作用。

②体育教学目标的纵向层次。体育教学目标的纵向层次反映了体育教学目标的上下层次关系。从纵向来看，体育教学目标大致可以分为学年教学目标、单元教学目标、课时教学目标等。

（2）体育教学目标的着眼点

需要解决的问题往往是教学目标的着眼点。一个人只有明确了教学目标的着眼点，其所制定的教学目标才更有针对性、可操作性等。因此，在制定体育教学目标时，教师首先要明确需要解决的教学问题。

2.体育教学目标的内部结构

在了解了体育教学目标的外部结构后，就可以来了解其内部结构了。体育教学目标的内部结构，主要包括以下要素：

（1）条件

条件是决定体育教学目标难度的因素。体育教学目标的难度往往根据条件的变化而变化。以排球的垫球来说，体育教学目标"自己抛球后将球垫起"和"接垫同伴隔网抛来的球"在难度上是不同的，这主要是因为垫球的条件不同。

（2）标准

在改变体育教学目标的难度时，标准也是一个需要考虑的因素。以排球垫球来说，体育教学目标"垫出的球要达到 2 m 的高度，并落到本方场地中"和"垫出的球要达到 3 m 的高度，并落到本方场地的前半场"在难度上是不同的，这主要是因为垫球的标准不同。

（3）课题

在改变体育教学目标的难度时，课题也是一个需要考虑的因素。一般来说，课题是通过改变动作形式来使体育教学目标的难度发生改变的。

（二）体育教学目标的主要功能

分析体育教学目标的功能，能够帮助人们更好地了解与掌握体育教学目标，并为体育教学目标的设计提供科学依据。

具体而言，体育教学目标的主要功能如下：

1.定向功能

体育教学目标是对体育教学目的的反映，为体育教学指明了方向。体育教师在开展体育教学活动时，必须以体育教学目标为指导。

2.规范功能

体育与其他学科相比，更为复杂，再加上新课程标准对体育教学提出的新要求，体育教学的难度进一步加大。一些体育教师在开展体育教学活动的过程中，很可能无法保证体育教学的科学性，继而导致体育教学无法取得理想的效果。要避免这种情况发生，有效的举措便是让体育教师明确体育教学目标的规范作用，切实依据体育教学目标来选择教学内容、实施教学行为等，以确保体育教学的科学性和有效性。

3.激励功能

开展体育教学活动，必须以实现一定的体育教学目标为前提。体育教学目标一旦确定，就会对教师产生一定的激励作用，促使教师全身心地投入体育教学工作中，在工作中始终保持较高的热情。体育教学目标一旦确定，也会对学生产生一定的激励作用，有助于激发学生参与体育教学活动的兴趣和积极性。

4.评价功能

在体育教学目标的功能中，评价功能是一个十分重要的部分。所谓体育教学目标的评价功能，就是以体育教学目标为标准来评价体育教学活动的效果。比如，足球课程教学目标之一是让学生掌握足球运动的相关知识与技能，那么评价足球教师是否完成教学活动时，就需要考虑学生是否掌握了相关的足球运动知识与技能。

（三）体育教学目标的分类

根据不同的标准，体育教学目标可以分为不同的种类。

下面，笔者主要依据本杰明·布卢姆（Benjamin Bloom）的教学目标分类理论来谈一谈体育教学目标的分类问题。

1.布卢姆教学目标分类理论简介

美国教育心理学家布卢姆及其合作者根据教育目标分类的对象和应遵循的原则，将教学目标分成认知、情感和动作技能三大领域，每一个领域的目标又按由低级到高级分成若干层次。

布卢姆教学目标分类理论将认知教学目标从低到高依次分为知识、领会、应用、分析、综合、评价六个层次；将情感教学目标分为接受、反应、价值的评价、价值的组织、由价值或价值复合体形成的个性化五个层次；将动作技能教学目标分为知觉、准备状况、在引导下的反应、机械化动作、复杂的外显反应、适应、创作七个层次。

这一教学目标分类理论具有几个显著的特点：

第一，以外显行为作为教学目标分类的统一基点。对教学目标进行分类，必须在一个统一的基点上进行，如教学内容、教学对象都可以作为教学目标分类的统一基点。布卢姆等以外显行为作为分类的基点。从认知领域的教学结果来看，知识的获得可以通过再认、再现等行为表现出来，各种智慧能力与技能的获得都可以通过相应的行为表现出来。布卢姆认为，外显行为是可观察测量的，以外显行为为基点建立的分类理论有助于确定和描述可观测的教学目标，有利于教学评价。

第二，以行为的复杂程度作为划分教学目标类别的依据。布卢姆等将教育行为从最简单到最复杂的方式加以排列，根据行为的不同复杂程度努力找到可以把各种行为置于其中的门类或组别，这样便得出了教学目标的分类。

第三，具有相依性和层次性。在布卢姆等人的教学目标分类体系中，任何两类相毗邻的亚目标都是相互依存的。布卢姆等人的教学目标分类理论促成了新的教学模式的产生，使教学质量得到提高。

2.体育教学目标的具体分类

由于体育教学活动的特殊性，在设立体育教学目标的过程中，应侧重动作技能领域目标，并兼顾认知领域目标与情感领域目标。

下面，笔者根据布卢姆的教学目标分类理论对体育教学目标进行分类。

（1）体育教学中认知领域的目标分类

如表 1-1 所示，体育教学中认知领域的目标，按照从简单到复杂的顺序分为六个层次：知识、领会、应用、分析、综合、评价。后五个层次属于理智能力和理智技能。

表 1-1　体育教学中认知领域的目标分类

层次	一般目标举例	行为动词
知识	知道体育领域的名词和基本概念	界定、描述、指出、列举、选择、说明
领会	理解动作要领和有关知识； 将有关知识从一种形式转换成另一种形式	转换、区别、估计、解释、归纳、猜测
应用	应用概念及原理于新情况； 应用定律及学说于实际情况	改变、计算、示范、发现、操作、解答
分析	评鉴资料的相关性，分析一项作品的组成结构	关联、选择、细述、分辨
综合	写出一组完善的动作要领	联合、创造、归纳、组成、重建、总结
评价	运用内在材料评判所学内容的价值； 运用外在标准评判所学内容的价值	鉴别、比较、对比、检讨、证明

（2）体育教学中情感领域的目标分类

如表 1-2 所示，体育教学中情感领域的目标，按照价值内化的程度分为五个具体类别或者说五个层次：接受、反应、价值的评价、价值的组织、由价值或价值复合体形成的个性化。

表 1-2　体育教学中情感领域的目标分类

层次	一般目标举例	行为动词
接受	注意听讲； 显示已了解学习的重要性； 显示对体育锻炼的敏感性并参与体育活动	把握、发问、描述、命名、点出
反应	完成规定练习； 遵守学校规则； 参与课上讨论； 显示对体育课的兴趣	标明、表现、遵守、讨论、呈现、帮助
价值的评价	欣赏健康体育； 欣赏体育在日常生活中所居地位； 显现解决问题的态度	邀请、验证、完成、阅读、报告、分享
价值的组织	承认解决问题系统规则的重要； 接受自身行为的责任； 了解并认知自身的能力及限度； 形成一个与自身能力和兴趣信仰相协调的生活计划	坚持、安排、修饰、比较、准备、关联
由价值或价值复合体形成的个性化	表现具备良好的思想品德； 显示在独立完成动作时的自信心； 保持良好健康的习惯	建立、分辨、倾听、实践、提议

（3）体育教学中动作技能领域的目标分类

如表 1-3 所示，体育教学中动作技能领域的目标，分为七个具体类别或者说七个层次：知觉、定势、指导下的反应、机制、复杂的外显反应、适应、创作。

表 1-3 体育教学中动作技能领域的目标分类

层次	一般目标举例	行为动词
知觉	口述运动器械各部分名称； 复诵动作要领	描述、使用、抄写、理解、解释
定势	评量身体的起始动作； 调查反应的意愿	选择、建立、安置
指导下的反应	描述所观察教师的示范动作并能够正确模仿	制作、复制、混合、依从、建立
机制	正确、熟练地做出技术动作	操作、练习、变换、固定、修理
复杂的外显反应	完成精确的技术动作； 演示复杂的技术动作； 完成一套连贯的技术动作	组合、修缮、解决、折叠
适应	迅速有效地掌握新动作； 根据已知的能力或技术编制一套技术动作	改正、计算、示范
创作	改良动作技术； 发现新的练习方法； 创造新的表演方法	设计、发展、创造、筹划、编辑

（四）体育教学目标的设立

体育教学目标是体育教学活动的起点和依据，体育教学目标的设立是体育教学的关键。衡量体育教学目标合理与否，就应该看该目标能否发挥其应有的作用。体育教学目标不仅是体育教学活动的预期结果，而且是体育教学活动的调节者。体育教学目标一经确立，往往会给体育教学活动带来一定的影响。不合理的体育教学目标会使体育教学活动遭受挫折。

关于体育教学目标的设立，教师应注意以下几点：

1.注重整体性

体育教学目标应该是一个严谨、分明、有条理的系统整体。无论体育教学目标是大还是小，教师都应从整体出发，注意目标系统在横向上和纵向上的关系，尤其要注意不同层次之间的纵向衔接。只有教学目标在横向和纵向上形成一个网络系统，才能全面发挥体育教学目标的作用。

2.尽量具体

体育教学目标的表述应力求明确、具体，避免用含混不清和不切实际的语言来表述。体育教学目标是为了解决教和学要达成什么目的的问题。如果教学目标的表述含混不清，则不便于理解、把握，势必影响教学策略的制定、教学评价的实施等，从而不能较好地发挥自身作用，对教学效果会产生一定的负面影响。

二、体育教学的规律

体育教学是一个运动、变化和发展的过程，具有一定的规律性。认识和理解这些规律，根据规律去确定教学原则、教学方法、组织形式和教学手段等，是实现教学目标，提高教学质量的基本保证。

体育教学的规律主要有以下几个：

（一）与学生身心发展水平相适应的规律

教育和教学必须与学生身心发展水平相适应，这是一条基本规律，体育教学也必须遵循这条规律。体育教学要促进学生的一般发展和特殊发展，这就要求体育教学目标定得适当，教学方法、教学手段等选得适当。要做到这几点，体育教师就必须了解学生的现有发展水平，明确学生的最近发展区，以促进学生不断发展。

（二）学生生理与心理指标起伏变化的规律

在体育教学活动中，学生的生理和心理等承受着不同强度的负荷，其生理、心理指标会起伏变化。在体育教学过程中，学生有各种不同的学习活动方式，如听讲、观察、进行身体练习、帮助同伴以及休息等。这些方式的改变，对学生身心有着不同程度的影响，因此学生的生理指标和心理指标会发生起伏变化。这种起伏变化是体育教学特有的，是客观存在的。要想搞好体育教学，就要遵循这个规律，使学生保持合理的生理、心理起伏变化节奏。

（三）直接感知、思考和实践相结合的规律

在体育课上，学生大部分时间是在进行活动练习，其耳、眼等感官直接感知动作，其大脑积极思考如何行动，其肢体去协调做动作等。其中，直接感知是基础，思考是核心，实践是归宿。这三个环节是紧密结合的，缺少哪一个都会影响体育教学的效果。

第二节　体育教学的原则与过程

一、体育教学的原则

"原则"一词在汉语中通常指"说话或行事所依据的法则或标准"。教学原则是根据教学目的、教学规律而制定的指导教学工作的基本准则。它既指导教师的教，也指导学生的学，应贯彻教学过程的各个方面和始终。教学原则反映了人们对教学活动本质性特点和内在规律性的认识，是指导教学工作有效

进行的指导性原则和行为准则。教学原则在教学活动中的正确和灵活运用，对提高教学质量和教学效率发挥着重要的作用。教学原则对整个教学过程起指导作用，教师要根据教学原则来设计教学过程；教学原则是实施教学的总调节器，教师要以教学原则来调节、控制教学活动；教学原则是判断教学质量的基本标准，教学质量的高低，从根本上来说，要看教学原则贯彻得如何。因此，每位教师和教学管理者都必须掌握教学原则。

体育教学跟其他学科教学一样，教师在教学过程中要遵循相关教学原则。遵循体育教学原则，是完成体育教学任务的保障。

体育教学原则是教师在体育教学过程中必须遵守的准则或标准。作为体育教学工作的基本要求，体育教学原则对体育教学工作具有指导作用。在体育教学过程中，体育教学原则在一定程度上决定着教学内容的安排、教学方法的选择和教学组织形式的运用等。学习和掌握体育教学原则，有助于体育教师按照体育教学的客观规律组织教学活动，正确解决教学内容、教学方法和教学组织形式等方面的问题。遵循体育教学原则进行体育教学，往往能提高体育教学质量；反之，则不利于体育教学质量的提高。

体育教学的原则主要有以下几点：

（一）直观性原则

遵循直观性原则，就是在体育教学中，教师要充分利用各种直观方式引导学生去感知事物，培养学生的观察能力、积极思考的能力等，使学生获得直接经验和感性认识，为其掌握体育知识、技能奠定基础。

遵循直观性原则的依据，是辩证唯物主义的认识规律。从生动的直观到抽象的思维，再从抽象的思维到具体的实践，这就是认识规律、认识客观实际的科学途径。任何知识都源于人的感官对客观外界的感知。在体育教学中，学生掌握体育知识、技能也是从建立感性认识开始的。体育教师要让学生用触觉、视觉等感知所学的动作，引导学生在感知的基础上建立完整的、正确的动作形象、概念等，从而帮助学生掌握体育知识、技能。

在体育教学中遵循直观性原则，教师应注意以下几点：

1.引导学生综合运用多种感官感知体育动作

在体育教学中，教师可引导学生借助视觉、听觉、触觉等感知动作，明确完成动作时肌肉用力的程度、方法等，以此来增强直观教学的效果。

2.充分发挥教师对学生的引导作用

在体育教学中，教师是学生观察的目标，而教师的动作示范、语言表达等是学生获得生动直观的动作形象的主要来源。因此，教师必须加强自身修养，提高自己的体育教学理论水平、运动技术水平等，重视动作技术示范的准确性和规范性。

3.善于引导学生观察

直观性教学是通过学生直接观察动作的形象来实现的。学生在教师的指导下，通过分析、比较弄清正在学习的动作与已学过的动作的区别和联系，辨别动作的技术结构，找出技术要点，明确正确动作与错误动作的差别，从而形成动作的正确表象。

（二）因材施教原则

遵循因材施教原则，是指体育教师在教学中，既要面向全体学生，提出统一要求，又要根据不同学生的个体差异对其进行个别指导，把集体教学和个别指导结合起来，使每名学生都能得到充分发展。

遵循因材施教原则的依据，是学生身心发展的客观规律及个体发展的不平衡性。同一年级、相同年龄的学生，他们的身心发展规律往往具有一些共同点。因而，在体育教学中，教师可以对他们提出统一的要求。但是，同一年级、相同年龄的学生，他们的身心发展又存在不平衡性。因此，教师要注意区别对待，因材施教。

在体育教学中遵循因材施教原则，教师应注意以下几点：

1.深入了解学生的共性和个性

深入了解学生的共性和个性，是因材施教的基础。体育教师可通过调查研究，全面了解班上学生的体育水平、兴趣爱好、健康状况、身体发展等多方面的情况，找出他们的共性和个性，采取合适的教学方法因材施教。

2.面向全体，兼顾两头

体育教师要把主要精力放在全体学生体能的普遍提高上。在制订教学计划时，体育教师确定的教学目标、要求等应该是大多数学生经过努力可达到的。同时，体育教师还要兼顾两头：对个别身体素质好，有体育才能的学生，要为他们创造条件，让他们参加课余体育训练，为提高专项成绩打基础；对身体素质不太好的学生，要热情关心、耐心帮助，使他们在原有体能的基础上逐步提高。

3.考虑学校的客观条件

在体育教学中贯彻因材施教原则，教师还必须考虑学校的客观条件。不同的场地、设备等条件，往往会制约体育教学效果。教师在制定教学目标时，除了要考虑教材、学生的特点、教学方法外，还必须考虑学校的场地、设备等条件，才能更好地因材施教。

（三）自觉积极原则

遵循自觉积极原则，是指在体育教师主导下，学生充分发挥学习的积极性，发挥主体作用，自觉、积极地完成学习任务。

在体育教学中，能否遵循自觉积极原则，受教师的教、学生的学影响。师生关系是体育教学过程中的一对基本矛盾体，对自觉积极原则的贯彻有极大影响。

教师是教育者，他们掌握丰富的体育知识，能满足学生对知识的需要。在实施体育教学计划的过程中，教师起主导作用，这主要表现在教师对计划的制订和执行上、教师对教学过程的调节和控制上等。

学生是教学的对象，是知识的接受者，是学习的主体。但是，学生学习的积极性不完全是自发形成的，还受教师的指导、传授、调节等的影响。学生有了学习的积极性，又能主动自我调节和控制，并与教师的调节、控制等协调一致，才能保证教学目标的实现。

在体育教学中，要把教师的主导作用与学生学习的积极性很好地结合起来，这是提高教学质量的关键。

在体育教学中，贯彻自觉积极原则，要注意以下几点：

1.了解和熟悉学生

教师必须了解、熟悉所教学生，知道他们喜欢什么、需要什么、擅长什么、有什么困难和不足等，这是教师做好体育教学工作的前提。教师要做到对学生的全方位了解是很难的。如果教师不主动去了解学生、熟悉学生、关心学生，学生往往很难对教师产生信赖。教师只有了解和熟悉学生，才能更好地调动学生的积极性。

2.发挥教师的主导作用

学生的积极性并不完全是自发的。要调动学生的积极性，教师就要发挥主导作用。教师的主导作用，不仅表现在教师通过讲解、示范等手段传授知识和技能，还表现在教师给学生提供或创造一种良好的外部条件。教师主导作用的发挥，有助于调动学生的学习积极性。

3.建立平等、和谐的师生关系

在体育教学过程中，教师为人师表，教书育人，既要严格要求学生，又要关心与信任学生。平等、和谐的师生关系，有助于学生自觉地参与体育教学，有助于教师更好地开展教学。

4.注意培养学生学习的内在动力

学生学习的内在动力，是鼓舞和推动学生学习的内驱力。教师应不断提高教学的艺术性、启发性等，激发学生的学习动机、兴趣，培养学生学习的内在动力。拥有学习内在动力的学生，往往会自觉学习、主动学习、认真学习。学生只有具有学习的内在动力，才能发挥主体作用。

5.培养学生自学、自练和自评的能力

自学、自练和自评能力是学生养成体育锻炼习惯、具有终身体育锻炼意识的重要基础。教师要为学生自学、自练和自评能力的形成与发展创设良好的外部环境，让学生能独立学习、自主学习。

（四）全面发展原则

遵循全面发展原则，是指在体育教学过程中，教师对教材内容的选择和安排要全面、多样，使学生身体的各个部位等得到全面锻炼，使学生得以全面发展。

确定全面发展原则的依据，是学生特定的身心特征等。学生的可塑性很强。在体育教学中，教师应根据学生的身体特点、体育水平等选择合适的教材，采用多种有效的教学手段，使学生得到全面锻炼。长时间进行单一的、局部的锻炼，往往难以取得理想的锻炼效果。长期进行单一运动项目容易造成心理上的疲劳，使人产生枯燥感和厌倦情绪，减少运动带来的快乐。任何运动都不是"万能"的，大部分运动对身体素质的锻炼都有一定的局限性。人的身体素质一般包括速度、力量、耐力、灵敏、柔韧等。单一的运动项目往往只偏重锻炼身体的某些部位。例如，跑步可以锻炼心肺耐力、下肢肌肉力量，但对上肢的力量锻炼效果不明显。若学生长时间练习单一的运动项目，缺乏必要的调整与恢复，身体的某些部位就会疲劳，久而久之容易造成运动损伤，影响其身体素质的全面发展。

因此，只有全面锻炼，才能促进学生全面协调发展。

在体育教学中贯彻全面发展原则，教师应注意以下几点：

1.贯彻教学大纲、课程标准等的要求

体育教师要认真学习和领会教学大纲、课程标准等的精神，全面贯彻教学大纲、课程标准等的要求，制订全年教学工作计划，注意教材与考核项目的合理搭配，保证学生能够得到全面锻炼。

　　2.将全面发展原则落实到教学全过程

　　在课堂教学的身体准备阶段，体育教师要进行全面的、多样的、科学的、合理的搭配，让学生活动全身各部位肌肉、关节和韧带等，充分伸展全身，为完成课堂教学做好准备。

　　在课堂教学的主体部分，体育教师可根据教学安排让学生进行以上肢、下肢为主的练习，从而使学生身体得到全面、协调的锻炼。

　　在课堂教学的结束部分，体育教师要组织学生做好身体放松活动，并布置课外体育作业，从而顺利结束一节课。

（五）循序渐进原则

　　遵循循序渐进原则，要求体育教师在教学过程中，依据学生的学习能力、兴趣爱好和发展阶段等，循序渐进地进行教学活动。遵循循序渐进原则，有助于增强学生的学习效果，使他们逐步适应新的学习内容和方法，从而实现全面发展的目标。

　　循序渐进原则的依据，是人们认识事物的规律、动作技能形成的规律等。在体育教学中，体育教师必须遵循由易到难、由简到繁、由已知到未知的顺序，逐步深化学生的认识，使学生更好地掌握体育知识、技能。

　　在体育教学中遵循循序渐进原则，教师应注意以下几点：

　　1.根据学生的学习能力进行合理的教学设计

　　体育教师要了解学生的兴趣爱好、运动水平、体能等，然后有针对性地设计教学内容和活动，帮助学生逐步提高自己的运动水平和运动技能。例如，在教授某项体育运动技术时，体育教师可以先从简单的动作开始，逐步引导学生掌握更复杂的技巧，同时提供适当的反馈和指导。

　　2.确定合理的教学目标

　　体育教师应当根据学生的实际情况、教学进度要求等明确教学总目标，并将教学内容分成适宜的教学单元，确定合理的教学分目标，帮助学生明确阶段性的学习任务。

3.注重知识的有机连接

在体育教学中，教师应当将不同阶段的知识、训练进行有机连接，帮助学生形成完整的知识体系和训练体系。

4.进行有效的巩固和拓展练习

体育教师要及时帮助学生巩固已学的知识和已掌握的运动技能，同时为他们提供更深入的扩展学习机会。在体育教学中，教师要在确定学生已打好基础的前提下，提供一些拓展性的教学活动，以满足学生的不同需求。

（六）巩固提高原则

遵循巩固提高原则，就是在体育教学中，教师要使学生牢固掌握所学的基础知识、基本技能，不断提升学生的体育素养，不断增强学生体质。

巩固提高原则的依据，是运动条件反射建立与消退的生理规律。因为体育技能的掌握、提高，是通过不断反复练习而形成的。反复练习可以不断建立和巩固运动条件反射，并建立动力定型。动力定型建立以后，还要继续练习，不断强化，使动力定型更加完善，否则，已经形成的动力定型会消退，从而影响教学效果。

在体育教学中遵循巩固提高原则，教师应注意以下几点：

1.让学生反复练习

体育教师可组织学生进行反复练习，增加练习密度，不断巩固运动条件反射，提高运动技能。在体育课上，教师要留有足够的时间让学生反复练习。此外，教师要注意：反复练习不是简单机械的重复。体育教师应引导学生通过反复练习在原有的训练基础上不断改正自己的动作缺点，从而巩固所学知识、技能，逐步提高自己的运动技能。

2.组织提问、测验、竞赛等活动

组织提问、测验、竞赛等活动，是体育教师贯彻巩固提高原则的有效手段。在组织提问活动时，教师要根据课程的目标、要求，学生的具体情况等设置题目，提问要有一定的启发性。在某一阶段的教学告一段落时，教师可组织测验、竞赛等活动，考查学生在复杂多变的条件下运用所学的体育知识、技能的水平。

3.适时改变练习条件

体育教师可适时改变练习条件，以帮助学生巩固提高体育技术、技能，如将平地跑改为斜坡跑等。

4.注重课内外结合

教师在学生完成课内学习的基础上，可以布置一定量的课外体育作业或家庭体育作业，使课内外紧密结合，从而达到巩固提高的目的。

5.注重培养学生的进取动力

教师应不断提出新的目标，培养学生的体育学习兴趣和进取动力。

（七）合理安排运动负荷原则

运动负荷包括生理负荷和心理负荷两个方面。在体育教学中，教师要使学生承受适当的生理负荷和心理负荷，并使练习与休息合理交替进行，以促进学生身心全面协调发展。

合理安排运动负荷的依据，是学生在体育学习中生理负荷和心理负荷变化的规律。从生理负荷变化的规律来看，人体功能的改善，必须在适宜的生理负荷的刺激下才能实现。因此，在一定限度内，人所受到的生理负荷越大，超量恢复的效果也就越好，适应变化的能力也就越强；但如果生理负荷刺激的强度过大，超出了人体承受极限，人的生理机能就会受到损害；而生理负荷刺激强度过小，对人的生理机能的提升作用就不会很明显。在学生心理处于最佳状态时，教师安排学生学习各种知识和动作技术，进行体育锻炼，往往会取得不错的效果。

在体育教学中遵循合理安排运动负荷原则，教师应注意以下几点：

1.根据具体情况安排生理负荷

对于新授课和复习课，体育教师应根据教学目标、学生特点等具体情况安排合适的生理负荷。不同学生的性别、年龄和健康状况等不同，在安排生理负荷时，教师应注意区别对待。此外，在安排生理负荷时，教师还应考虑学生的生活习惯，所在地区的气候因素、运动场所的环境等。

2.正确处理生理负荷的量和强度的关系

生理负荷的量是指完成练习的数量、次数、组数、时间、距离等；生理负荷的强度是指完成练习所用力量的大小和机体的紧张程度，它包括动作的速度、练习的密度、间歇时间的长短、负重的重量、投掷的距离、跳高的高度等。生理负荷的量和强度是决定运动负荷效果的主要因素。

体育锻炼生理负荷的量与强度过小，引起机体的反应也小；生理负荷的量与强度过大，超过了机体适应能力，会对人的身体健康不利。在体育教学中，教师可增加生理负荷的量；待学生适应以后，再增加生理负荷的强度。在增加生理负荷的量时，生理负荷的强度宜适当减弱；在增加生理负荷的强度时，生理负荷的量应适当减少。这样，生理负荷的量和强度交替增加和减弱，学生承担生理负荷的能力才会逐步得到提高。

3.正确处理生理负荷的表面数据和内部数据的关系

生理负荷的表面数据是指动作练习的量和强度；生理负荷的内部数据是指生理负荷的量和强度所引起的一系列的生理生化变化。通常，生理负荷的表面数据与内部数据是一致的，但不同学生的体质、训练水平等不同，一定生理负荷的表面数据作用于不同的学生，可以产生不同的内部数据。因此，在分析生理负荷时，教师应把生理负荷的表面数据和内部数据结合起来。

4.安排好心理负荷

体育教师在安排心理负荷时（主要包括情绪、意志等），既要考虑教学进程，又要考虑学生的生理负荷。

5.科学地安排休息方式和休息时间

体育教师应根据学生生理负荷和心理负荷的特点，科学地安排休息的方式和时间，以达到理想的效果。

在评价体育课的质量时，体育教师要做好生理和心理负荷的测量、统计和分析工作，既要安排好生理负荷的测量，又要安排好心理负荷的测量，以便从生理和心理两个方面进行全面的、客观的评价。

上述体育教学原则是一个完整的体系，各原则之间相互联系、相互补充。随着体育教学实践的发展，人们对体育教学规律的认识不断深化，体育教学原则也将得到不断发展。

二、体育教学的过程

教学过程是指师生在共同实现教学任务中的活动状态变换及其时间流程，由相互依存的教和学两方面构成。体育教学过程，是为实现体育教学目标而计划和实施的让学生掌握体育知识、体育技能等的过程，包括时间和空间两个维度。体育教学既要关注个体，又要兼顾整体；既要尊重学生的个人意志，又要关注教师的教学目的。

体育教学过程是一个系统的过程，由师生共同参与，该过程由确定目标、激发动机、讲授内容、安排练习、反馈调控与评价等环节组成。

（一）体育教学过程的构成要素

1.教学主体

（1）教师

教师是教学的组织者与管理者，决定体育教学教什么、怎么教等，是教学计划的制订者、教学环境的创设者、教学关系的协调者，是教学活动的关键因素，起到主导作用。

在教学过程中，如果教师主体性过强，则势必会限制学生独立自主学习能力的发挥。在教授新内容时，教师应该发挥主要作用。而在复习课、提高课中，教师如果过多干涉学生的学习活动，就可能会影响学生个性的发展、创造力的提高以及独立解决问题能力的培养。

另外，随着现代教育理念的转变，教师在体育教学过程中的角色也开始发生变化，教师不只是传统意义上的知识拥有者、传授者，还是教学过程中的指导者、协作者、帮助者、建议者等。

（2）学生

学生是教育的对象，是学习的主体。如果学生不积极、主动、自律地学习，体育教学活动就无法顺利开展。在体育教学过程中，学生只有积极配合教师的教，充分利用各种条件，认真学习，才有可能取得最佳的学习效果。

2.传播媒介

传播媒介，泛指教学过程中教师将教学内容传递给学生的各种方法、形式或工具等，如讲解、示范、教具模型、互联网技术等。

3.教材

体育教材是在体育教学中为实现教育目标而精选、组织的学习内容体系，是学生学习过程中认识的客体。

4.教学环境

教学环境是一个由多种不同要素构成的复杂系统。

广义的教学环境是指影响学校教学活动的全部条件，可以是物理环境，也可以是心理环境。

狭义的教学环境特指班级内影响教学的全部条件，包括班级规模、座位模式、班级气氛、师生关系等。

（二）体育教学过程的设计要求

在设计体育教学过程时，教师应注意以下几点：

1.发挥教师主导作用

作为人类文明和知识的传播者，教师是影响教学成果的关键。在现代教学环境下，体育教师除了要做好课前准备，把体育知识讲清楚，还要打破传统体育教学模式的桎梏，创新授课形式，采用不同的方式引导学生自主学习、独立思考等。

2.发挥学生的主体作用

在传统的体育课堂上，许多教师只注重学习结果，不注重学习过程，不注重学生的主体地位，这样不利于学生体育素养的提升。因此，体育教师应转变教学观念，发挥学生的主体作用，激发学生自主参与的兴趣，创设让学生自主参与的氛围，引导学生多主动学习，创造更多的实践机会，带动校园体育活动开展，促进学生全面发展。

3.优化媒体组合

过度依靠单一的媒体，不利于教学质量的提升。因此，在设计体育教学过程时，体育教师要综合考虑多种媒体的优化组合，以适应现代化教学进程，进而提高课堂教学质量。

4.注重教学方法的选择

常见的体育教学方法有许多。在体育教学过程中，教师要与学生进行沟通交流，选择合适的教学方法，将完整的知识要点或技能教授给学生。

第三节　体育教学的特征与内容

一、体育教学的特征

（一）体育教学与其他学科教学的共性特征

体育教学与其他学科的教学都属于教学活动，它们的共性特征主要体现在以下三个方面：

第一，体育教学和其他学科的教学活动均以班级为单位开展。

第二，体育教学与其他学科教学的目的都是向学生传授某种知识或技能。

第三，体育教学和其他学科的教学都属于教师与学生的双向活动。教师与学生在教学活动中进行各种形式的交流，如语言的交流或肢体动作的交流等。在传统教学中，更多的是单向交流，即教师传授给学生某种知识和技能。而现代教学要求教师重视学生在学习中的主体性，积极将单向交流转化为双向交流。

（二）体育教学的个性特征

体育教学除与其他学科的教学有共性特征之外，还有其自身的独特性，也就是个性特征。体育教学的个性特征具体表现在以下几个方面：

1.教学环境的开放性

目前，我国体育教学多以体育实践课为主，体育教师主要在学校操场开展体育教学活动。与其他学科主要是在封闭的教室、实验室等地方开展教学活动不同，体育教学的教学空间富有变化性，教学环境更加开放。

教学环境的开放性决定了体育教学具有不同于室内教学的特殊要求。因此，体育教师在开展体育教学活动时应注意以下几点：

第一，室外的体育教学是动态的，学生大部分时间都在参与不断变化、形式多样的运动，如果班级内的学生较多，则教师可进行分组教学。

第二，由于体育课多在操场进行，干扰因素较多，如天气、地形、周边设施等，体育教学的组织管理工作愈加复杂。因此，体育教师应精心设计、安排体育教学的组织形式、教学步骤与方法等。

第三，学生在体育课上可能会出现运动损伤，因此体育教师应重视对学生开展安全教育。

2. 教学过程的直观性

体育教学过程的直观性主要体现在以下两个方面：

第一，体育教师对教学内容的讲解具有直观性的特点。体育教师在讲解体育教学内容时，语言要生动，并且要配上一定的肢体动作，让学生感觉形象、有趣。尤其是在教授某些具有一定难度的体育动作时，体育教师不仅要详细描述教学重点，还要用形象的语言把复杂的技术动作简单化，努力做到深入浅出，便于学生理解。

第二，体育教师对体育动作的示范具有直观性的特点。体育项目的教学涉及技术动作或战术配合，为了加深学生的理解，体育教师有必要进行动作示范。教师应选用直观、形象的正确动作进行示范，这样才会使学生直接感知正确的动作，建立正确的运动表象。

3. 身体活动的常态性

在体育教学中，学生需要不断重复学习体育运动技能，这就决定了学生要经常进行身体活动。也可以说，体育教学具有身体活动的常态性特点。一般性学科（主要是指文化类学科）的教学多在教室、实验室、多功能厅进行，且要求有相对安静的环境。和这些学科的教学相比，体育教学的地点多为户外或专用的运动场馆，而且在大多数的运动技术练习环节师生并不需要刻意保持安静，学生之间、学生与教师之间可以随时沟通，如此才更有利于学生学习运动技术。

体育教学要求学生掌握基本的运动技能。在体育教学中，几乎所有内容都涉及身体活动，或者是为即将到来的身体活动做准备的活动。学生要进行具有一定运动负荷的运动，教师在示范、指导的过程中也要付出不少体力。

4.身心练习的统一性

现代科学研究发现，身体健康有助于改善心理健康，而心理健康也会促进身体健康。因此，体育教学往往要求学生身心共修。体育教学重视提升学生的身体素质，与此同时，它还能促进学生适应能力的发展，这是其他学科的教学无法做到的。在体育教学中，教师可以营造不同种类的教学情境，一系列积极的情境可以使参与其中的学生在不知不觉中受到感染。学生的身心发展看似是分开的，但实际上是统一的。也就是说，通过体育教学，学生的身体与心理能够共同发展，表现出统一性。总之，体育教学不仅可以提升学生的运动能力，增强学生的体质，还有利于培养学生良好的心理品质，促进学生身心健康发展。

在体育教学中，学生身心练习的统一性要求教师注意以下几点：

第一，体育教学内容的选择要注重身心统一。体育教学内容是体育教师开展体育教学活动的依据，直接影响教学效果。为了体现体育教学中学生身心练习的统一性，体育教师应针对学生的身心健康状况合理地选择教学内容，所选教材的编排要符合该年龄段学生的心理特点。除此之外，教学内容还要满足美学、社会学等其他方面的要求，使学生身心获得有益发展。

第二，体育教学方法的选用要注重身心统一。与其他学科的教学相比，体育教学的方法更加丰富，这便于体育教师结合体育教学实际合理地选择教学方法。为了体现体育教学中学生身心练习的统一性，体育教师要根据学生的身心变化规律选择教学方法，根据学生的身心特点安排课程，如此才能有效激发学生学习的积极性，促进其身体和心理的共同发展。

第三，体育教学中运动负荷的安排要注重身心统一。体育教学重在体育实践，它以身体练习为主，需要学生运用身体器官直接参与活动。学生在完成大负荷的身体练习后，不仅要承受肌肉活动引起的疲劳与不适，还要在精神方面受到打磨，不利于学生身心发展。因此，身心练习的统一性更有益于学生身心的健康发展。

5.技能学习的重复性

体育教学的目的是使学生掌握运动技能，而要达到这一教学目的，学生就必须重复练习运动技能。运动技能的形成具有阶段性和规律性。运动技能的形成大致分为四个阶段，即动作分解练习阶段、动作连贯练习阶段、连贯动作的独立完成阶段和连贯动作的熟练完成阶段。学生要想熟练掌握运动技能，需要进行长期的反复练习。学生无论是学习篮球、足球、排球等运动中的复杂技能，还是学习体操中的滚翻、田径中的跑等技能，都需要经历由不会到会、由初步学习到深入学习、由不熟练到熟练的过程。在此过程中，体育教师要严格遵循循序渐进原则，逐步指导学生掌握各种运动技能，根据不同运动技能的特点合理安排练习时间，通过让学生反复练习，使学生掌握某项运动技能。

6.教学条件的制约性

体育教学内容丰富，涉及的要素较多，这就使得体育教学受到更多客观条件的制约，这是体育教学的特征之一。

体育教学活动主要受学生运动基础、学生其他基本情况（如年龄、性别、生理和心理特点）、体育教学场地条件、器材、天气等因素的制约，这些因素都会影响体育教学的质量。下面主要从教学主体和教学环境两个方面进行分析：

第一，就教学主体来讲，学生是体育教学过程中体育知识与技能传授的接受者，与学生有关的诸多情况都会对体育教学本身造成影响。因此，体育教学要想进行得顺利，就要注重学生的运动基础，根据学生的体质情况科学地进行训练，如男生与女生不同的身体形态、机能水平、运动能力等。体育教师在开展教学活动时要考虑周全，否则会影响教学目标的实现。

第二，就教学环境来讲，体育教学环境是体育教学的重要载体，其质量的高低对体育教学会产生较大影响。体育教学活动多在户外开展，可能会面临空气污染或邻近马路带来的噪声污染等问题，这些问题势必影响体育教学主体在教学活动中的状态。天气对室外体育教学的影响也是不容忽视的，如遇到雨、雪、大风等恶劣天气时，体育教学就会被迫停止，体育教师可在室内进行体育理论课教学。

总之，体育教学受到多种条件的制约。要想顺利开展体育教学活动，摆脱各种不利于体育教学因素的影响，体育教师就要结合实际情况，科学地选择体育教学内容、方法和组织形式，尽量将制约因素的影响降至最低。

二、体育教学的内容

在体育教学中，教学内容在教师与学生之间扮演着中介的角色，对教师和学生之间的信息交流起着重要作用。

体育锻炼有利于身体健康。体育教学的主要目的之一，就是提高学生的运动能力，增强学生的体质，使学生变得更加健康，成为社会主义事业的合格建设者和可靠接班人。

体育项目大多源于各种游戏，经过长期的演变和发展，成为如今的形式。在体育教学中，各项教学内容大多来自体育项目，因此体育教学的内容必定带有一定的娱乐性。在体育教学过程中，这种娱乐性主要体现在学生克服困难、协同作战、争夺胜利的心理活动中。

学生在参加体育学习的过程中，要借助运动中的肌肉感觉来形成动作记忆，判断自己是否真正掌握了教学内容，因此在体育教学中，学生的学习是要将思维和行为联系起来的。体育教学内容尤其强调练和做等实践行为。

体育教学内容是对学生进行教育的载体。因此，教师选择的体育教学内容应适用于大多数学生，有益于学生的身心发展，既有冒险性又比较安全等。

（一）体育教学内容的编排

体育教学内容的编排当中存在循环周期现象。这里所说的循环，是指同一教学内容在不同学段、学年重复安排。循环周期有的是课，有的是单元，有的是学期，有的是学年，甚至有的循环周期是在某个学段当中。以跑步为例，一节体育课上要进行 100 米跑，下一次课仍要进行 100 米跑。这就是以课为周期的循环。在一个学期内安排 100 米跑，在下一个学期的课程中仍安排 100 米跑就是以学期为周期的循环。

1.体育教学内容的编排方式

体育教学内容的编排方式主要有两种：

（1）螺旋式

螺旋式指的是当某项运动项目的教学内容的有关方面在不同年级重复出现时，逐步提高教学要求的一种排列方法。

（2）直线式

与教学内容的螺旋式编排不同，直线式编排意味着，若学生学习了某个体育运动项目，这个项目基本上就不再重复出现。

这两种编排方式很好地满足了课程标准对体育教学内容的要求，并以体育教学内容的自身理论为主要依据，与当前体育教学现状有机结合起来，创造性地将各个方面的内容编排到体育教学中。

2.体育教学内容编排的注意事项

在进行体育教学内容编排时，需要注意以下事项：

（1）充分考虑学生的基础与实际需要

体育教学的对象是学生，为了使体育教学的内容更好地满足学生的实际需求，促进体育教学质量的不断提高，教师在进行体育教学时，不应片面地考虑体育运动和身体练习本身的难易程度，还应依据学生的实际需要、学生的体能和运动技能基础等来编排体育教学内容。

（2）重视不同体育运动和身体练习的特征

在编排体育教学的内容时，教师应注重各种运动技能的学习、巩固、提高和运用，让学生懂得相应的知识并不是主要目的，使学生会运用相应知识才是重要的。

（二）体育教学内容的选择

1.体育教学内容选择的依据

在选择体育教学内容时，体育教师应该按照相关依据进行有针对性的选择。具体来说，选择的依据主要有以下几个方面：

（1）体育课程目标

体育课程目标具备多元性特征，体育运动项目和身体练习也具备可替代性特征，这就使体育教学内容的选择变得更加多样。体育课程目标之所以能成为选择教学内容的重要依据，主要是因为体育课程目标在体育课程编制的过程中，在每一个阶段都是教学内容选择的先导和方向，它经过了多方专家的验证。因此，在选择体育教学内容时，教师必须考虑课程目标。

（2）学生的兴趣及身心发展规律

在选择体育教学内容时，学生的兴趣是必须考虑的。学习需要学生的主动参与，通常面对感兴趣的事情，学生参与的动力会大大增加，学习的效率也将提高。这非常符合一些教育学者所提出的观点：如果学生学习是被迫的而不是出于兴趣进行的，那么学习从某种意义上来说是无效的。如今，许多学生喜欢在操场上体育课，不喜欢在教室上体育课，一个很重要的原因就是教室内的体育教学内容缺乏趣味性。

学生对教学内容的接受程度取决于其身心发展规律，从这个角度来说，体育教学内容必须使学生易于接受，并且符合其身心发展规律。所以，在进行体育教学内容的选择时，教师绝不能违背学生的身心发展规律。

（3）社会发展的需要

选择的体育教学内容与社会实际相符是非常重要的。学生的个体发展无法脱离社会的发展，所以在选择体育教学内容时，教师要考虑社会发展的需要，不能忽视学生走向社会后所必需的体育素质。

（4）体育教学素材的特性

在体育教学内容的选择上，最重要的要素就是体育教学素材。体育教学素材有着较为显著的特性，具体来说，其特性主要包括以下几个方面：

①内在逻辑关联性不强。体育教学素材的最大特性就是内在逻辑关联性不强，这种特性使得人们无法完全按照难易程度、学生素质等来选择体育教学内容。因此，体育教学内容通常只是以运动项目来进行划分，各教学单元的关系多是平行或并列的，比如篮球和足球、体操和武术，表面上看似有联系，但这种联系并不能分得十分清楚，而且没有先后顺序，教师也无法判断其中一个运动项目究竟是不是另一个运动项目的基础。

②具有"一项多能"和"多项一能"的特点。所谓"一项多能"，是指通过一个运动项目，能够达到非常多的体育目的。以健美操为例，有人利用这个项目来锻炼身体，有人用这个项目来娱乐，同时这个项目还可以用来表演。"多项一能"则突出了体育教学内容具有可替代性。例如，进行投掷练习时，可以扔沙袋，可以投小垒球，可以推实心球，也可以推铅球。要想通过体育运动得到放松，可以踢足球，可以打排球，同样也可以打篮球、打网球。可以看出，并非只有一个项目可以达到目的。正是由于这一特性的存在，体育教学内容没有不可或缺的项目，这使得体育教学内容不具有规定性。

③数量庞大。人类文明自诞生以来，创造出的体育运动项目数不胜数，并且每一个运动技能对练习者的身体素质都有着各种各样的要求。鉴于这个原因，没有哪个体育教师能够精通全部的体育项目，因此体育教师的培养要求"一专多能"。

④不同的运动项目有不同的乐趣。以篮球和足球为例，其乐趣就是在

激烈的直接对抗中，通过娴熟的技术和精妙的战术配合得分；而在隔网类运动中，其乐趣是双方队员在各自的场地中通过巧妙的配合将球击到对方场地得分。

2.体育教学内容选择的原则

具体来说，在选择体育教学内容时，教师应遵循以下原则：

（1）科学性原则

在选择教学内容时，首先要遵循的原则是科学性原则。体育教师选择的教学内容必须对学生的身心协调发展有利。要注意，一些内容虽然有利于学生的身体健康，但并不利于学生的心理健康，反之亦然。体育教师选择的教学内容必须在使学生开心的同时，对学生身体的发展起到促进作用。教学内容也要使学生能够从根本上了解科学锻炼的原理和方法，这种了解能进一步增强学生从事体育锻炼的自觉性和积极性。

（2）教育性原则

在选择体育教学内容时，体育教师应结合教育的基本理论选择体育教学素材，分析教学内容是否与教育性原则相符，是否与社会的固有价值观同步，是否与体育课程的主要目标相匹配。体育教师要树立"健康第一"的指导思想，并以此作为选择体育教学内容的出发点，同时看重其文化内涵，让学生在学习体育技能的同时深刻体会到体育文化修养带来的益处。体育教师应将理论与实践相结合，在使学生了解人体科学知识的同时真正达到锻炼身体的目的；还应在思想文化等方面下功夫，使其在多个方面同时发展。

（3）实效性原则

所谓实效性，就是判断某项体育教学素材是否实用，是否简便易行，是否有助于学生身心健康。在教学内容的改革方面，国家相关文件特别强调要改变教学内容"难、繁、偏、旧"以及教学过程过度偏重书本知识的现状；应加强学生生活和现代社会科技发展的联系，关注学生的学习兴趣，知识和技能要有利于培养学生的终身体育意识。

所以在选择体育教学内容时，教师一定要选择与学生自身的体育学习兴趣和经验相接近的，以及大众喜欢的、社会上比较普及的内容，同时强调运动项目的健身娱乐效果，为学生终身体育的发展奠定良好基础。

（4）民族性与世界性相结合的原则

在选择体育教学内容时，教师要在保留我国民族传统体育精华的同时，借鉴、吸收国外好的课程内容；同时，也应与时俱进，体现当今时代的特色。

3.体育教学内容选择的步骤

具体来说，体育教学内容的选择大致分为以下几个步骤：

（1）对体育教学素材的价值进行分析评估

在选择体育教学内容前，体育教师应当对当今社会给予足够的关注，从社会的生产生活、科学教育等发展的实际出发，考虑社会发展对人的影响与要求，并以此为基点对现有的体育教学素材进行分析与评价；要分析论证所选内容能否促进学生的身体健康发展，能否督促学生主动进行体育锻炼，能否提高学生的思想品质，在此基础上选用合适的教材内容进行教学。

（2）对运动项目与身体练习进行充分整合

在体育教学中，不同的体育运动项目和身体锻炼形式会对学生的身心产生不一样的影响。因此，在选择体育教学内容时，教师要以学校的体育教学目标为前提，在此基础上认真分析各个体育运动项目是如何促进学生身体功能发展的，然后将各个体育运动项目与身体练习进行整理与合并，并对其进行合理加工，使之成为体育教学内容。

（3）选择有效的体育运动项目

大多数体育运动项目都可以成为体育教学内容的基本素材，体育运动项目所具有的多功能性与多指向性特点决定了其具有明显的可替代性。因此，体育教学内容在运动项目方面的可选择性强。但是，由于体育教学时间有限，不可能完成全部体育运动项目的教学。因此，体育教师要以社会的需求与学校的设施条件为依据，充分考虑不同阶段学生的身心特点与兴趣爱好，将典型、常见的体育运动项目作为体育教学的内容。

（4）对所选内容进行可行性分析

在选好体育教学内容后，体育教师要结合本地区气候和本校的场地、器材等，对该体育教学内容的可行性进行分析。

第二章　体育教学方法

第一节　体育教学方法的
概念、特点、重要性

一、体育教学方法的概念

　　教学方法是教学论的重要组成部分，也是教学论中实践性很强的部分。教学方法在教育教学实践活动中产生，并服务于教育教学。几十年来，教学方法的理论和实践研究得到了广泛重视，取得了很大发展，形成了较为科学的方法体系。

　　然而，有关教学方法概念的界定，即教学方法本质的问题并没有统一。下面，笔者列举几种教学方法的定义：

　　①教学方法是教师为完成教学任务所采用的手段。

　　②教学方法是指教师在教学过程中，为了完成教学任务所采用的工作方式和学生在教师的指导下的学习方式。

　　③教学方法是为了完成一定的教学任务，师生在共同活动中采取的手段，既包括教师教的方法，也包括学生学的方法。

　　④教学方法是为了达到教学目的，运用科学手段而进行的，由教学原则指导的、一整套方式组成的、师生相互作用的活动。

　　⑤教学方法是在教学过程中，教师和学生为实现教学目的、完成教学任务

而采取的教与学相互作用的活动方式的总称。

受以上教学方法定义的影响，体育教学方法的概念在不同时期甚至同一时期的定义也有很大差异。

我国学者金钦昌在其编著的《学校体育理论》中认为：体育教学方法是指在体育教学过程中完成教学任务所实施的工作方法。

吴志超、刘绍曾等在《现代教学论与体育教学》中认为：体育教学方法是实现体育教学任务或目标的方式、途径、手段的总称，属于体育教学法的范畴。

吴锦毅、李祥在《学校体育学》中认为：体育教学方法，是指在体育教学过程中，教师和学生为完成体育教学任务、实现体育教学目的所采用的工作方式。

目前，学界对教学方法的认识逐渐明确，从只注重体育教学过程中教师的作用，到开始关注学生主体地位和学生主体性的发挥，以及师生的相互作用，一步一步地接近教学方法的本质。

为了体育教学理论研究和指导实践交流的方便，笔者综合不同学者对教学方法的定义和认识，以及体育领域近年来对教学方法的研究成果，得出结论：体育教学方法是在体育教学过程中，师生为了完成教学任务，实现教学内容的有效传递、学习而运用的一系列活动方式的总称。

二、体育教学方法的特点

体育教学方法遵循教学过程的规律和原则，同时又与体育教学活动紧密联系，它与其他学科教学方法有共同点，同时又有自身的特点。

体育教学方法的特点主要表现在以下几方面：

（一）可操作性

可操作性是体育教学方法的基本特点。

　　体育教学方法与体育教学实践紧密相连，教师和学生将教学方法作用于教学内容，体育教学方法的作用方式、具体步骤等都应是可以操作的。

　　评价教学方法好坏的一个重要方面，就是看它是否具有良好的可操作性。体育教学方法的可操作性特点既有利于教学方法作用的有效发挥，也有利于优秀教学方法的推广。

（二）实效性

　　体育教学的目的、任务确定之后，需要借助一定的教学手段，运用教学方法进行实现。也就是说，教学方法的选择和运用不是随意的。在体育教学过程中所运用的教学方法，要有利于体育教学目的、任务的实现，有利于教学效率的提高，要能够调动学生的积极性，保证体育教学的质量。例如，为了让学生了解人体运动时所参与的肌肉群，体育教师可以运用挂图等直观教学法，也可以运用多媒体技术把人体运动时所参与的肌肉群演示出来。如果想增加体育课的练习密度，体育教师就可以运用循环练习法。如果体育教师只机械地运用一种教学方法，学生的学习效果较差，就该考虑是否需要运用其他教学方法或创造新的体育教学方法。在创造新的体育教学方法时，体育教师也要考虑教学方法的实效性。

（三）针对性

　　对于不同的教学任务、不同的教学对象、不同的教学过程，体育教师应选择合适的教学方法。

　　许多新的教学方法的产生，往往是为了解决体育教学实践中存在的问题。因此，不同的教学方法有自己独特的功能和适用范围，可实现不同的教学目的。比如：针对体育知识和体育技术的教授，可采用讲解法、示范法、分解法等教学方法；针对体育新授课、复习课，可采用演示法、游戏练习法等教学方法。

对于基础和兴趣不同的学生、不同的教育目的等,体育教师应灵活选择教学方法。

(四)时空性

时空性也是体育教学方法的重要特点。不同的体育教学过程,适用不同的体育教学方法。同一教学过程有开始、发展和结束阶段。在体育教学的不同阶段,师生之间的地位发生着规律性的变化,可选用不同的教学方法。

在体育教学的开始阶段,教师主导地位与作用往往较强;随着时间的推移,学生的主体地位与作用逐渐加强。体育教师首先要运用一定的教学方法,诱发学生的内在动力,激发他们的学习欲望与兴趣;其次,组织学生参与多种学习活动,使其感知、理解与掌握动作方法和要领;最后,对学生学习结果给予评定,对照教学目标的完成程度,制订新的教学计划,开始一个新的教学过程,如此循环往复。

(五)时代性

教学方法有其产生、发展的历史,体育教学方法亦是如此。不同的历史时期有不同的体育教学方法,这些体育教学方法受不同时期哲学思想、教育理念的影响。尤其近几十年来,随着科学技术的发展,多媒体技术开始进入体育教学领域,这突出体现了体育教学方法的时代性特征。

体育教学方法随着社会的变化和体育教学的发展而不断发展,它体现着社会的发展与时代的要求,以及体育学科发展的要求。同时,体育教学目标、任务与教学内容也在影响着体育教学方法的产生和发展。所以说,体育教学方法不是一成不变的,在体育教学实践中,教师必须根据时代精神和体育学科的发展需要,勇于开拓,推陈出新,使体育教学方法更能满足体育教学的实际需求。

三、体育教学方法的重要性

在整个体育教学中，体育教学方法起着举足轻重的作用。总的来说，体育教学方法的重要性主要有以下几点：

（一）有利于实现体育教学目标

在体育教学过程中，体育教师与学生双方互动的连接点是体育教学方法。科学有效的体育教学方法有利于密切联系体育教学活动中的两个重要主体（教师与学生），这个连接点有利于实现体育教学目标。倘若缺乏具有实效性的体育教学方法，体育教学目标就难以实现。

（二）有利于营造良好的教学氛围

合理恰当的体育教学方法能够提高学生参与体育学习的积极性，不断激发其学习动机，同时也有利于营造良好的教学氛围。良好的教学氛围反过来又能够感染学生，使其主动参与学习，从而形成一种良性循环。科学地运用体育教学方法，有助于提高学生对体育教师的信任度，从而使学生乐意听从教师的引导而认真学习体育课程，这就使得体育教学氛围变得十分融洽。

（三）有利于学生身心的全面发展

好的体育教学方法有一定的科学性，体育教师受到科学思想的感染与熏陶而采用科学的、合适的教学方法进行体育教学，对学生的身心发展是极为有利的。相反，不具备科学性与不恰当的体育教学方法所产生的消极影响会对学生的身心发展造成阻碍。

在体育教学活动中，实施体育教学方法的过程通常也是学生体验体育运动技术并进行锻炼的过程。所以，教师不仅要向学生传授体育知识，还要引导学生参与训练实践，促进学生身心的全面发展。

此外，科学的体育教学方法能充分利用各种有利因素来提高学生的学习兴趣与学习热情，引导学生充分发挥主观能动作用，从而不断提高其学习效率，最终提高体育教学质量。

第二节　体育教学方法的基本类型

一、传统体育教学方法

（一）语言教学法

语言教学法是教师在教学中运用各种形式的语言指导学生学习的方法。在体育教学中正确地运用语言教学法，一方面能使学生明确学习目标，产生学习兴趣；另一方面，又可启发学生的学习思维，有利于培养学生分析问题和解决问题的能力。

在体育教学中，语言教学法的形式主要有讲解法、口令和指示法、口头评定成绩法、口头汇报法等。

1.讲解法

讲解法是指在体育教学中，体育教师用语言向学生说明教学目标、动作名称、动作要领等，以指导学生进行学习的一种方法。讲解法是语言教学法的一种最主要、最普遍的形式。

体育教学中常用的讲解法有以下几种：

（1）直陈法

直陈法，即用简明扼要的语言直接陈述的教学方法。直陈法多用于对简单动作的讲解，以及对课程的目标、内容和要求等的宣布。

（2）分段法

分段法，即把教学的动作分成若干段落，逐段讲解的教学方法。分段法多用于较复杂动作新授阶段的教学。

（3）概要法

概要法，即归纳出动作技术要领，进行概括讲解的教学方法。概要法多用于动作技术复习阶段。

（4）侧重法

侧重法，即突出重点、难点和存在主要问题的教学方法。概要法有利于学生有重点地学练，掌握动作技术。

（5）对比法

对比法，即把相对的两个方面加以比较，指出其中异同的教学方法。此法可以加深学生对问题的理解。

（6）提问法

提问法，即向学生提出问题后再进行讲解的教学方法。此法能强化学生的记忆。

（7）联系法

联系法，即根据教学需要联系实际进行讲述的教学方法。联系法多用于一节课的导入或结束时，亦可用于鼓励学生改正错误。

此外，还有比喻法、复述法等讲解法。在体育教学中，教师可根据实际需要，分别或综合运用讲解法。

在体育教学中，教师在运用讲解法时，应注意以下几点：

第一，要目的明确并具有教育性。在体育教学中，教师讲什么、讲多少、怎样讲，都要根据教学的具体目标、内容、要求，以及学生的实际确定。

第二，要生动形象、简明易懂。体育教师在讲解体育专业术语时，可借助打比方等方法，使内容生动形象、简明易懂。在讲解时，体育教师要突出教学的重点、难点、关键点，口齿清楚、用词贴切、层次分明。

第三，要富有启发性。运用讲解法时，体育教师要善于设问质疑，通过提问、引导、联想等方式使学生积极思考，将学生的看、听、想、练有机地结合起来，以取得良好的效果。

第四，要注意时机和效果。

2.口令和指示法

口令和指示法是教师以最简明的语言、命令的方式指导学生学练的一种教学方法，可以用于队伍的调动，队形的变换，体操、武术、舞蹈、韵律操的练习等。教师在运用口令和指示时，要声音洪亮、节奏分明，发音准确有力。

3.口头评定成绩法

口头评定成绩法是指体育教师根据教学目标和要求，以简明的语言评价学生学练成绩和行为的一种教学方法。教师的合理评价有利于激发学生的学习兴趣，使学生及时了解自己的不足，提高学习效率。教师在运用此法评价学生时，要以鼓励为主，并指出学生的主要不足。

4.口头汇报法

口头汇报法是指体育教师要求学生根据教学的要求和对动作学习的体验，简要分析说明自身见解的一种教学方法。这也是促进师生信息交流，培养和提高学生语言表达能力、自我分析和评价能力的一种有效的方法。

（二）直观教学法

直观教学法是指在体育教学中，借助各种感觉器官，利用各种直观方式和学生的原有经验，来感知动作的教学方法。

在体育教学中，常用的直观教学法有动作示范法、教具演示法、电影和电视录像法等。

1.动作示范法

动作示范法是以具体动作为范例,指导学生进行学习的一种方法。在体育教学中,教师的每一次示范都要有明确的教学目的。做什么示范,怎样示范,均要依据课程的目标、教学的进程、学生的水平等有针对性地安排。

通常在教学初期,为了使学生了解学什么并建立完整的动作概念,体育教师可选用常速示范法。为了使学生进一步了解动作的结构、特征等,掌握学习的方法,体育教师可采用慢速示范法。而为了突出教学的重点和难点,纠正学生的错误动作,体育教师则可采用分解示范法或静止示范法,以突出错误所在,引起学生的注意。

在体育教学中运用动作示范法时,教师应注意以下几点:

(1)示范要正确、熟练并具有感染力

为保证动作示范的正确性,体育教师应注意以下两点:一是示范动作要符合动作的技术规格和技术要求;二是示范动作的难易程度、达到的标准、展示的重点,以及示范的方法等,要以学生的实际需要为依据。此外,示范要做得轻松、优美,具有感染力,这样才能提高学生的学习兴趣。

(2)示范要与讲解相结合

在教学实践中,根据教学目标、练习的内容以及学生的身心特点等,教师可采用先讲解后示范、先示范后讲解、边讲解边示范等讲解与示范相结合的方式,以充分调动学生的视觉、听觉等,增强教学效果。

2.教具演示法

教具演示法是通过挂图等直观教具所进行的直观再现动作的一种方法。当动作技术较复杂,动作示范难以充分显示动作的结构、过程、细节与特征时,教师就可以借助教具的演示。教师要根据教学的实际需要选择、使用教具,并注意演示的程序、时机,以增强教具演示的直观效果。

3.电影和电视录像法

电影和电视录像法是利用现代化的电化教学手段进行直观教学的一种方

法。视听工具可以完整、准确地再现和重复动作。对于一些复杂的动作，教师还可以调控速度或暂停播放进行分析。这对激发学生的学习兴趣，启发其思维并加深其对问题的理解，效果显著。

直观教学法是通过视觉等感官刺激进行教学的方法。运用直观教学法，有助于加深学生对体育知识的理解。直观教学法的优势是直接、生动、形象，产生的效果往往也更具持久性。

（三）完整教学法

完整教学法是指从动作开始到结束，不分部分和段落，完整地、连续地进行教学的一种方法。完整教学法的优点是能使学生完整地掌握动作，不至于破坏动作结构。完整教学法的缺点是不利于学生较快地掌握动作技术中较为复杂的要素和环节。完整教学法一般用于动作技术较简单，或动作技术复杂却又无法进行分解教学的情况。运用完整教学法时，对于较简单的动作，教师在讲解、示范后，即可让学生进行完整的练习。对于较复杂的动作，为降低教学难度，教师应注意以下几点：

1. 突出教学重点

在体育教学中，教师可先要求学生掌握技术基础部分，再要求其逐步掌握技术细节，或者先强调动作的方向、路线等要求，再要求动作的幅度和节奏等。

2. 简化动作要求

例如：对于跑步，可缩短跑的距离或降低跑速；对于跳高，可降低横杆的高度；对于投掷，可减轻器械的重量；等等。

3. 采用各种辅助和诱导练习

在对不能分解的复杂动作进行完整教学时，体育教师可事先或随时选择基础性的动作或者动作性质和结构相似的简单动作，以进行辅助和诱导练习，达到使学生尽快掌握复杂动作的目的。

（四）分解教学法

分解教学法是把一个完整的动作合理地分成几个部分（或段落），按部分逐次进行学习，最后达到全部掌握目的的一种教学方法。分解教学法的优点是，可简化教学过程，缩短教学时间，增强学生学习的信心，使学生较快地掌握动作。分解教学法的缺点是易使动作割裂，破坏身体练习的技术结构，影响动作技能的表现形式。分解教学法适用于动作较复杂但不适合用完整教学法的情况，或动作的某部分需要加强学习的情况。

分解教学法通常可采用纵向分解和横向分解两种方法。

1.纵向分解

纵向分解是按照动作技术的结构，把教学内容分成若干部分。例如，可把侧向滑步推铅球的动作分为三个部分：第一部分为准备部分，第二部分是滑步动作，第三部分是最后用力。

这种纵向的分解练习又有以下三种形式：

（1）单纯分解法

单纯分解法，即让学生先学第一部分，再学第二部分，然后学第三部分。待各部分逐一学会后，最后让学生合起来进行完整练习。

（2）递进分解法

递进分解法，即让学生先学第一部分，再学第二部分，然后将一、二部分合起来教学，待学生掌握后再教第三部分，最后让学生将一、二、三部分合起来进行完整练习。

（3）逆进分解法

逆进分解法，即让学生先学最后一部分，然后逐次向前学到最前一部分，直至完整掌握。

2.横向分解

横向分解是指将动作按身体部位分为上肢动作、下肢动作、躯干动作等若干部分，分别或有侧重地进行教学，最后让学生完整掌握动作。

在复杂动作的教学中，为使学生较快地掌握动作，纵向分解和横向分解往往是结合使用的。

（五）预防教学法

预防教学法是针对学生的错误认知、错误动作而提出的具有预防、阻断效果的教学方法。学生的体育学习和教师的体育教学都是开放的过程，因此受到各种因素干扰的可能性较大，这就要求教师、学生提前预见可能存在的干扰因素，以便采取必要的措施。此外，不同学生的理解能力、认知水平、身体的协调性等往往存在较大差异，要求所有的学生迅速掌握体育知识和动作要领显然是不现实的。在学习的过程中，学生不可避免地会出现各种各样的错误。因此，体育教师要坦然面对学生发展的不平衡，随时注意观察学生的动作练习情况，总结规律，提前对学生可能出现的错误予以提醒。

在体育教学中，教师在应用预防教学法时，应注意以下两点：

第一，教师在前期的讲解中要不断强化学生对动作的正确认知，并对学生易于出错的地方予以强调，避免学生对动作产生不正确的认知。

第二，教师在上课之前要对可能出现的问题进行预判，然后设计出完善高效的解决方案，这样可以节约上课时间，提高教学效率。

（六）纠错教学法

纠错教学法是指在教学过程中教师纠正学生在理论知识、动作等方面错误的一种教学方法。动作错误往往是学生对动作理解存在偏差、动作不够熟练导致的。针对以上情况，体育教师可采用不同的引导方式，必要的时候可以借助一定的外力帮助学生形成正确的认知。比起预防性的措施，纠错具有较强的针对性，因此教师必须精准分析错误的原因，给出最为合理有效的解决方案。

（七）游戏教学法

游戏教学法，指教师通过游戏的方式促使学生掌握体育知识、动作等的方法。游戏教学法应用广泛，适用于各学龄段学生尤其适合低龄段的学生。游戏教学法最大的优势在于能够极大调动学生的学习积极性。

在体育教学中，教师在运用游戏教学法时，应注意以下几点：

第一，注意游戏所涉及的行为方式、思维方式等与所教授内容的相关性。

第二，在设计、选择游戏时，要注意学生的兴趣爱好。

第三，在开展游戏时，教师要鼓励学生尽力而为，帮助学生形成良好的合作关系。

第四，在游戏过程中，对于犯规的学生，教师要适时给予一定惩罚。

第五，在游戏结束后，教师要及时与学生沟通，了解学生的感受，同时对学生的表现给予全面评价。

第六，在使用游戏教学法授课过程中，教师要提醒学生注意安全，杜绝安全隐患。

（八）竞赛教学法

竞赛教学法就是通过组织各种比赛来促进体育教学的一种方法。在体育教学中，运用竞赛教学法有助于提升学生各方面的综合能力，是一种比较理想的教学方法。运用竞赛教学法，不仅可以增加学生运动技能的实践经历，还可以锻炼学生的团队协作能力，以及面对突发状况时的心理调适能力和应对问题的能力。

在体育教学中，教师在应用竞赛教学法时，应注意以下几点：

1.合理分组

各个对抗队的学生实力要处于同一水平线，这样，学生才能通过激烈的竞争获得能力提高。

2.客观评价

教师要密切关注学生在竞赛过程中的表现，既要从整体上把握，又要注重细节，从而给予学生客观、中肯的评价，使学生能够清晰地意识到自身的优势和不足，以获得进一步提升。

在运用竞赛教学法前，教师要确保学生对运动项目有一定了解，并且已经熟练掌握相关的技术动作，这样可以有效避免因对技术动作不熟练而带来的运动伤害。

传统体育教学方法有许多，笔者在此不能一一列举。体育教师不能局限于某一种、几种教学方法，而应当不断尝试新的教学方法，并结合教学的实际情况科学、灵活地加以选择和组合，这样才能够显著提高体育教学的质量。

二、新型体育教学方法

新型体育教学方法有许多，下面，笔者简单介绍几种常见的：

（一）娱乐教学法

如今，许多学生对体育不感兴趣，不积极主动地参与到体育活动中来。在一些体育课上，教师一味地讲解和示范技术动作，学生一味地模仿这些技术动作，这类体育课单调乏味，缺乏变化和吸引力。

为了激发学生对体育课的兴趣，更好地焕发出体育教学本身的独特魅力，体育教师应积极采用娱乐教学法。

所谓娱乐教学法，就是使学生从严肃、高压的体育授课中解脱出来，给学生提供思考的智力背景，同时也给学生提供实践活动和情感体验空间的教学方法。

在体育教学中，运用娱乐教学法，体育教师需要在设计上下功夫，积极探寻每一堂课的娱乐成分，考虑如何将娱乐成分穿插到教学过程中。当然，该做法会给教师带来一定的压力，但有助于展现出体育课的丰富性和趣味性，激发学生的学习兴趣，帮助学生提高学习效率。

需要注意的是，在运用娱乐教学法时，体育教师要避免走极端。

（二）成功教学法

成功教学法就是根据学生的接受能力，将教学的技术动作的精华部分提炼出来，适当降低其难度，鼓励学生凭借自己的意志力和理解能力顺利完成动作学习的方法。在该过程中，学生通过对技术动作的顺利完成体会到成功的乐趣，这是任何外来的鼓励都无法比拟的。在体育教学中运用成功教学法，有助于增强学生学习体育的信心，有助于学生提高体育素养。

许多学生对体育不感兴趣，是因为其体育运动表现不够好，与其他同学差距较大。而成功教学法可以帮助学生重拾对体育学习的信心，有助于培养学生坚韧不拔的意志，激发学生的学习动机，提高学生的体育运动技能。

（三）探究教学法

探究教学法就是指教师着意引导学生在教学过程中发现问题、分析问题，最终提出可行性方案解决问题的一种教学方法。在体育教学中，教师可采用探究教学法，使学生在探索和分析的过程中不知不觉地掌握相关的知识和技能，培养学生的洞察力和知识迁移的能力。探究教学法符合现代教育理论以及以学生为主体的教学理念，因此受到越来越多体育教师的关注。

在体育教学中应用探究教学法时，教师应注意以下几点：

1.探究目的要明确

教师要提前确认探究计划，明确探究目标。如果探究目标模糊或者与实际的教学目标相背离，则会导致无效教学，浪费师生的时间和精力。

2.探究内容的难度要符合学生的运动水平、认知能力等

探究内容太简单的话，学生会觉得没有激情和挑战性，继而产生无聊的感

觉；探究内容难度太高，又会打击学生学习的信心。体育教师在选择探究内容时，要根据学生的运动水平、认知能力等选择难度适中的内容。

（四）微格教学法

微格教学法指的是为了将枯燥的体育理论知识变得形象生动且具有吸引力，而采用一定信息技术手段的教学方法。具体而言，微格教学法就是利用录像、音频等手段建造一种可调控的体验系统，让学生通过该体验系统进行体育理论、动作等的学习的方法。

在体育教学中，教师在使用微格教学法时，应注意以下几点：

1.提前准备好课件

体育教师需要在课前对视频进行剪辑处理，并制作成体育教学课件，使教学内容更加形象生动，以调动学生学习的积极性、主动性。

教师在讲解体育理论时，将视频或音频课件展示出来，引导学生学习，从而加深学生对体育知识和动作技能的认知。例如，在篮球技术的教学过程中，教师可以在上课之前搜集一些著名篮球明星完成技术动作或者进行战术配合的视频，然后将其剪辑成教学课件，让学生通过观看视频加深对技术动作的理解。

2.以学生为主体安排教学内容

关于教学内容的选择，教师要考虑学生的发展方向、学生的兴趣所在等。体育教师应选择符合教学要求的教学内容，也要注意学生的个性化需求，尽量选择具有典型意义和受学生欢迎的体育教学内容。

此外，体育教师还要注意在体育教学过程中给学生留下一定的思考时间和空间，引导学生做进一步的思考和探讨，让学生在和谐、温馨、互助的学习氛围中感受到体育学习的乐趣。

3.交替进行视频播放、学生训练

教师在采用微格教学法时，可以安排学生进行训练，待学生完成一个阶段的训练之后，让所有学生进行分批演示，同时拍摄演示视频。然后，师生一起观看学生的演示视频，针对动作技能演示情况，进行分析和讨论。教师要对学生训练的结果作出客观评价，指出学生训练过程中出现的错误动作，并帮助学生改正。

此外，体育教师还可根据体育教学的实际情况选用慢镜头或者回放，以便学生能够看得更加清晰。

（五）情境教学法

情境教学法是指体育教师有目的地引入或创设具有一定情绪色彩的、以形象为主体的生动具体的体育情境，使学生参与体验，从而帮助学生理解体育理论知识、掌握技能，并使学生的心理机能得到一定发展的教学方法。

情境教学法的主要优势是：有助于学生加深对教材的理解，促进学生健康心理素质的形成；激发学生对体育学习的热情，从而主动、快速地接受教师教授的知识，增强教学效果；等等。教师可将情境教学法与多媒体教学法相结合，利用丰富多彩的图片、视频等提升学生的审美情趣。

在体育教学中运用情境教学法时，教师应注意以下几点：

1.利用游戏创设教学情境

爱玩是孩子们的天性。体育教师要明白，让学生学习好的前提是要让他们痛痛快快地玩。此外，体育教学是以身体活动为主要内容的教学，在客观上为学生的"玩"提供了较好的机会。因此，体育教师可充分利用体育教学的娱乐性，在创设教学情境时适当引入多样化的游戏内容，激发学生的学习兴趣。

例如，在学习障碍跑时，很多学生不敢轻易进入实战阶段，导致课堂教学无法顺利进行。针对这种情况，教师可以设置情境，如在障碍跑的终点设立一个领奖台，鼓励学生努力克服面前的困难。在游戏结束后，对于那些能够克服心理障碍、努力达到目标的学生，教师要予以表扬；对于学生不够规范的动作，教师要及时予以纠正。

通过这样的方法，学生克服困难的能力得到锻炼，参与积极性得到提高，同时动作的准确性也得到了提高。

2.将教学情境与音乐相结合

在体育教学中，音乐是很重要的因素。将教学情境与音乐相结合，有助于学生享受运动的乐趣。同样的训练内容没有音乐和加上音乐，取得的效果是完全不一样的。

此外，音乐的选择也很重要。在学生进行训练时，体育教师可以选择情绪激昂一点的音乐，使学生保持较好的精神状态；当训练完毕需要休息的时候，体育教师则可以选择一些舒缓轻松的音乐，使学生的身体和心情得到全面的放松。

（六）分层教学法

分层教学法是指在实际的教学中，根据学生不同的学习基础、认知水平等，设定不同层次的教学目标和教学任务，以防止有的学生"吃不饱"，而有的学生又学不会。在体育教学中，运用分层教学法，可使每个层次的学生都能够获得成功的体验，有助于改善教师与学生的关系，从而大大提高教学质量。

在体育教学中运用分层教学法时，教师要注意对以下内容的分层：

1.对教学对象进行分层

在体育教学中运用分层教学法时，教师首先要对所有的教学对象进行科学合理的分层。教师可以通过体能测试等方法来了解学生的体质，还可以通过问卷调查、实际练习和竞赛等方式来判定学生的运动技能水平。只有做好对教学对象分层的工作，对学生的体质、体能等情况了如指掌才可以更好地对学生实施分层教学。在实施分层教学的过程中，教师要注意观察学生的学习进度、学生对知识和技能的吸收情况等，同时还要和学生保持沟通，倾听学生的心声，及时调整教学方案。此外，教师也可以按照其他要素和标准来对学生进行分层，比如学生的兴趣爱好等。体育教师根据不同的教学情况按照不同的要素和标准对学生进行分类，往往可以取得不错的教学效果。

2.对教学目标进行分层

在体育教学中，教学目标起极大作用。如果教学目标设置过低，学生就会觉得毫无挑战性；如果教学目标设置得过高，则学生往往难以跟上教学节奏，学习的自信心受挫，学习也难以达到预期的效果。因此，体育教师一定要注意教学目标的科学分层，这样可使各个层次的学生都能够处于比较理想的学习状态，从而促进他们取得进步。

3.对教学内容进行分层

教学内容的合理分层对教学目标的实现和教学任务的完成具有重要意义，也是有效提高教学质量的关键因素。体育教师应对教学内容进行分层，根据学生的不同情况安排不同难度、种类的教学内容。比如：对于身体素质较好的、运动技能水平较高的学生，体育教师可以适当提高学习内容的难度，以激发学生对知识的探索欲，帮助他们达到更高的学习境界；对于基础较为薄弱、身体素质不太好的学生，体育教师可以分配一些较为简单的练习内容，逐步提高其体能，同时还要使其保持学习的兴趣和信心。由此可见，在体育教学中，对教学内容进行分层，有助于每一名学生获得相应的进步，从而提高整体的教学效果。

（七）逆向思维教学法

逆向思维教学法是指采用反向思维来开展教学活动的一种教学方法。从常规的思维角度来说，教师一般习惯按照技术动作自然发生的顺序来进行体育教学，但有时候按照不同的程序来教学反而可以取得更好的教学效果。例如在跳远的教学中，教师可以先教起跳，然后教助跑和落地动作；在标枪的教学中，教师可以先教投掷动作，再教助跑，最后引导学生将各个部分组合到一起，做完整练习。此类教学有一个共同点，就是把最难的部分放在最前面来教授，因为这部分动作的正确与否对整个运动项目的习得起决定性作用。

（八）对分课堂教学法

对分课堂是一种教学课堂的新模式。对分课堂的特点是把一堂课的总时长一分为二，一半用于教师的讲解，另一半由学生自由讨论和自主探索学习。后面的一半时间强调的是学生的自主学习和相互交流，突出讨论的重要性，以激发学生学习的积极性，使学生自主完成对知识和技能的内化吸收。对分课堂教学法的应用不仅可以减轻教师的教学负担，还可以提高教学质量，增强教学效果。

在体育教学中运用对分课堂教学法时，教师需要注意以下几点：

1.对课堂时间的合理分配和利用

在体育教学中运用对分课堂教学法时，对课堂时间的合理分配和利用是极为重要的，要将教师讲授和学生自由讨论、自主探索学习的时间分开，还要在这两个阶段中间安排一定时间让学生消化吸收教师讲授的知识要点和动作技能等。

2.对学生进行合理分组

在划分讨论小组的时候，教师要注意尽量使各个小组实力均衡、男女生比例合理等。因此，在分组之前，教师要详细了解学生的基本情况，既要保证各组实力相当，也要注意任务分配的均衡性。这样做，在一定程度上保证了各组之间竞争的公平性，既有助于激发学生学习的动力和潜能，也有助于增强教学效果。

3.宣布任务之前要做好引导和启发的工作

教师在布置一个具体的任务之前，要对任务的要求进行详细的讲解，并启发学生学习讨论的思路，促使学生对学习任务有比较全面和深刻的理解。教师要让学生对整个学习的重点、难点都有所了解，对本次课程的目标和内容有所把握，同时也要让学生在相互沟通、交换意见之前先想一想如何才能更好地实现任务目标。

4.给予学生平等的表现自我的机会

在运用对分课堂教学法时，体育教师要给予学生平等的表现自我的机会，也要让所有的学生都能够清楚地观察到正在展示的学生的表现。然后，体育教师可通过随机抽查和预先制定的量化标准对"对分课堂"的实际学习效果做一个客观公正的评价。如果主要环节设置合理，学生按照流程安排进行学习，则一般可以获得比较理想的教学效果。在这一过程中，若有个别小组、学生出现问题，教师就要及时指出来，并给予合理的建议。通过自我展现，学生锻炼了表达能力等，教师可引导学生分享自己在做任务过程中的收获，让他们从别人的经验中得到启发，增强学习效果。

在运用对分课堂进行体育教学时，教师要提醒学生在讨论的过程中不要偏离教学内容、教学目标，以免浪费时间、精力。此外，体育教师还要主动承担总导演的角色，为学生提供适当的指引和指导，以提高学生的学习效率。

第三节　体育教学方法的选择

一、体育教学方法的选择依据

（一）体育教学目标

体育教学目标具有多层次性，身体发展目标、技能发展目标、知识发展目标、社会发展目标和情感发展目标等是体育教学目标的不同层次。为了实现不同的教学目标，体育教师应采用不同的教学方法。在体育教学中，教学目标并不是孤立的，它是多种目标的综合，而每一单元、每一堂课目标的侧重点是不同的。因此，在体育教学中，体育教师应根据具体的课堂教学目标选择合适的教学方法。课堂教学目标是体育教学大目标的具体化，这一目标具有很强的指导性。它既包括对运动技能和运动理论方面知识的要求，又包括对心理和品质方面的要求。

（二）体育教学内容

体育教学内容与教学方法具有密切的关系。例如：针对一些技术动作，体育教师可采用直观教学法、分解教学法等；而针对一些运动原理，体育教师应采用语言教学法等进行讲解。针对不同性质的体育教学内容，体育教师应采取相应的教学方法。将一种教学方法运用于不同的教材内容时，其效果也会有一定的差异。因此，在体育教学中，体育教师应注重教学方法的灵活性。

（三）体育教学环境

体育教学环境包括体育教学场地、体育教学器材等。体育教学环境必然会对体育教学方法的选择产生一定影响。例如，在采用一些体育教学方法时，教师需要借助一定的教学器材才能实现相应的教学目标，而学校具备的体育教学资源在一定程度上决定着教师采取何种教学方法。教师在体育教学过程中应充分利用现有的教学环境，选择合理的教学方法，最大限度地利用现有的场地、器材来进行教学活动。

（四）学生的实际情况

在教学过程中，教学方法主要针对的是学生，采用多种教学方法的最终目的是促进学生更好地学习。因此，教师所选择的体育教学方法应与学生的实际情况等相符合。学生的实际情况包括学生的年龄特点、性别特征、身心发育状况、相应的知识储备和学习能力等。

学生处于不同的年龄阶段，其身心发展过程也具有阶段性的特点。低年级学生和高年级学生的身心发展特点会有显著差异。另外，男女性别上的差异也会导致其对体育的态度有所不同，因此教师应采取合适的方法，充分调动学生学习体育的积极性、主动性。学生的知识储备及其相应的学习能力也是教师选择教学方法的重要依据。知识储备较为丰富，并且学习能力较强的学生，能在学习中更快、更好地掌握体育技能。此时，教师可采用合理的教学方法促使学生的技能水平向着更高的水平发展。

（五）教师的自身素质

体育教师是各种教学方法的实施者，其自身素质会对教学活动的效果产生极大影响。如果体育教师自身素质不高，则往往不能很好地发挥相应教学方法的作用，从而对教学活动产生消极影响。因此，教师在选择教学方法时，应对自身的专业素养、能力水平以及教学特点等有较为客观的认识。在通常情况下，体育教师熟练掌握的教学方法越多，越能根据自身以及学生的实际情况选择最佳的教学方法。不同教师会根据学生的实际状况采取不同的教学方法，从而取得不同的教学效果，可见教师的自身素质极大地影响着体育教学活动。所以，体育教师要有提高自身素质及选择适当教学方法的意识，并通过积极学习提高自身的素质，掌握更多的教学方法。

二、体育教学方法的选择要求

（一）一般性要求

相关研究表明，教师在选择体育教学方法时，应当考虑以下几个方面的要求：

第一，体育教学方法必须符合体育教学规律。

第二，体育教学方法必须符合体育教学目标。

第三，体育教学方法必须符合体育教学内容的具体特征。

第四，体育教学方法必须符合学生具备的学习条件。

第五，体育教学方法必须符合教师具备的实际条件。

第六，体育教学方法必须符合学校的教学条件，并且具有较为显著的功能与效果。

（二）具体要求

选择体育教学方法的具体要求，主要有以下几点：

1.全面了解、掌握各种体育教学方法

倘若体育教师不能全面了解、掌握各种体育教学方法，选择就无从谈起。体育教师只有掌握多种体育教学方法，才能根据体育教学的实际要求，选择富有针对性和实效性的体育教学方法。

2.遵循多中选优的原则

不同的体育教学方法能够实现相同的目标，至于使用哪种教学方法能达到更佳的效果，则需要教师对具体教学方法进行多方面比较，从中择优。体育教师应认真分析学生对理论知识的掌握情况，学生的身体素质水平、自身个性的发展情况，以及对学生思想品德和行为习惯的培养情况，充分考虑特定体育教学方法的适用范围和适用条件，具体教学方法适合解决哪些教学问题，结合哪些教学内容最为恰当，最适合哪些类型的学生，之后对教师和教学环境的具体要求等多项内容展开综合比较，逐级筛选，最终作出最恰当的选择。倘若体育教师能够达到这些要求，则能为高效运用体育教学方法奠定坚实的基础。

教师在选择体育教学方法时，必须全面了解与掌握体育教学方法，这样才能结合体育教学的实际状况，在众多体育教学方法中选择出最能发挥其独特作用的教学方法。为了真正实现"多中选优"，体育教师须建立一个个性化的

教学方法仓库，以体育教学方法的具体性能为主要依据，将性能相同或者相近的体育教学方法编成一类。这样，教师在需要选取适宜的教学方法时，可快速从中选取。

三、体育教学方法选择的注意事项

（一）注意师生之间的协调配合

在体育教学过程中，教师和学生的默契配合是取得良好教学效果的重要保证。教学活动不存在没有"教"的"学"，也不存在没有"学"的"教"。因此，不管是何种教学方法，教师都应考虑"如何教"和"如何学"两个方面的问题。目前，一些教师只注重"如何教"的问题，对学生在教学过程中的作用则选择性忽略。例如，他们在做动作示范时，只考虑动作的优美和协调性，而没有考虑学生的接受程度，从而使得学生的学习效果不佳，影响教学活动的开展。要解决这类问题，教师在选择体育教学方法时应注重师生双方的协调配合，避免两者脱节。

（二）注意学生内部与外部活动的配合

学生的学习过程是内部活动和外部活动的综合体现，内部活动是学生的心理活动以及相应的生理反应等，外部活动则是其动作质量、情绪、注意力等。在选择体育教学方法时，教师应注重两者之间的配合，善于分析学生的内外部活动变化，选择既适合学生外部活动又适合学生内部活动的教学方法，以促使学生积极主动地参与到体育学习中。

（三）注意不同学习阶段的前后配合

学生在学习过程中，在不同的学习阶段会表现出不同的特点。在选择体育教学方法时，体育教师应考虑不同学习阶段的前后配合。例如，在动作学习过程中，体育教师应注重从"模仿型"向"创造型"的过渡，并实现二者的有机结合。学生的学习过程是由不了解到熟悉的过程。在学习的初始阶段，学生通常以模仿（模仿教师或他人）学习为主；之后，学生就会形成动作定式而完全摆脱模仿，从"模仿型"过渡到"创造型"。这两个阶段之间既具有一定的联系，又相互区别。因此，体育教师在运用教学方法时既要防止两者的互相代替，又要防止两者的割裂。

第四节　体育教学方法的优化组合

一、体育教学方法优化组合的原则

（一）整体性原则

不同教学方法的特点、功能和应用范围等都各有差异，各教学方法都有其优缺点。在进行体育教学方法的优化组合时，体育教师应根据实际情况，选择一套最符合实际情况的教学方法。教师应从整体入手，将各种教学方法有机结合起来，充分发挥教学方法体系的整体功能。

（二）启发性原则

不管是何种形式的教学方法，都应能调动学生学习的积极性和自觉性，促进学生进行积极思考与探索，帮助学生全面提高自身素质。在进行体育教学方法的优化组合时，教师应当遵循启发性原则，注重学生兴趣和动机的培养，发展学生的自主思维和学习意识。

（三）创造性和灵活性原则

在进行体育教学方法的优化组合时，发挥教师和学生的创造性是十分必要的。体育教师应积极对教学方法进行改进，使其更适合自身的教学实践活动。只有这样，才能最大限度地发挥教学方法的作用，从而取得良好的教学效果。另外，教师要不断对教学方法进行创新，使其与教学水平的发展相适应。教学活动是一个动态的过程，体育教师在具体的教学实践中运用教学方法可能会遇到一些问题，这就需要体育教师灵活应对，根据实际的教学情况，创造性地运用体育教学方法。

二、体育教学方法优化组合的策略

（一）明确体育教学任务，提出总体设想

选择不同的教学方法要以教学任务为主要依据。因此，体育教师应对一节课的具体教学任务进行细化，并制定相应的详细任务规划。

体育教师应对教学任务、教学内容、学生的具体情况以及教学的外部情况等进行分析，对相应的教学方法进行评估和分析。在提出教学的总体设想时，体育教师应充分考虑教学方法的可行性和适用性。

（二）注重学生特点，坚持因材施教

每一名学生都有自身的特点，其生长环境、锻炼方式等的不同，都会对学生的身体条件产生一定影响。因此，教师在开展体育教学活动时要做到因材施教，针对不同体质的学生进行不同的教学，从而让学生适应教学强度，在学生原有条件的基础上提高学生的身体素质。

例如，在进行体育教学的过程中，教师不应急于开展体育教学活动，而应先通过简单跑跳的方式对学生的身体条件和情况进行"摸排"。在进行基础测验之后，教师可以将学生划分为三个等级：身体条件较好的学生为 A 组，其主要进行一些训练强度较大的体育活动，比如跑、跳等；身体条件一般的学生则为 B 组，其主要进行一些较为温和的体育活动，比如武术等；而身体条件较差的学生则为 C 组，其主要进行的是基础性的简单体育活动，比如慢跑等，这样可以逐步培养其对运动的适应能力，避免运动伤害。

通过上述方式结合学生的身体情况进行有针对性的教学，在学生的身体条件得到提升之后再逐步加大训练强度，这样做既能让学生适应体育教学的变化，又能防止学生产生畏难情绪。体育教师要时刻关注每一位学生的身体情况，及时解决问题，保证每一位学生都能在轻松的运动氛围中锻炼身体，最终达到使全体学生共同进步的目标。

（三）转变体育教学理念

当今社会信息技术发展迅猛，体育教学与网络技术的融合已经成为一个不可逆转的趋势。在体育教学中，运用网络技术，有助于保证体育教学效果。为了能够将网络技术的作用发挥出来，体育教师应转变体育教学理念，以开放的态度面对当下流行的新理念以及新事物。此外，体育教师还要严格要求自己，提升自己的专业素质，努力在实际教学中不断发现自我、完善自我，这是现代体育教师在新形势下必须具备的素质。

（四）构建科学的体育考核体系

体育考核对体育教学方法优化组合具有重要意义。体育教师应结合学生的实际情况，尊重学生的个体差异，调动学生学习体育的积极性，对目前的体育考核方式进行改革。体育教师可将体育理论知识纳入考核体系，保证课程考核的公平性。在进行体育考核时，体育教师要将学生的体育能力作为考核关键，重视形成性考核以及总结性考核。体育教师可将考核融入整个教学当中，将动态考核与静态考核结合起来，进行体育教学方法的优化组合。在进行体育考核时，体育教师要重视学生的理论成绩以及学生的体育意识，综合评价学生对体育文化的理解程度，从而优化组合体育教学方法。

第三章　体育教学模式及其创新

第一节　体育教学模式概述

一、体育教学模式的概念

教学模式是在一定教学思想或教学理论指导下建立起来的较为稳定的教学活动结构框架和活动程序。当前，体育教学研究领域对体育教学模式的理解是多种多样的。

有学者认为，体育教学模式是指在一定的教学思想或理论指导下，为设计和组织体育教学而在实践中建立起来的各种类型体育教学活动的范例。

有学者认为，体育教学模式是体现某种教学思想、教学规律的教学单元的程序，它包括相对稳定的教学群体、独特的教学过程结构和相应的教学方法体系等。

有学者认为，体育教学模式是指按照一定的体育教学原理和体育教学指导思想而设计的具有相应结构和功能的教学活动的模式系统工程。它由体育教学指导思想（或教学目标）、教学组织形式、教学方法、教学内容、教学效应和相关条件六个既相对独立又彼此关联的内容组成。

还有学者认为，体育教学模式是在一定的教学思想指导下，为完成规定的教学目标而形成的规范化程序，包括相对稳定的教学过程结构和教学方法的体育教学活动的操作体系。

综上可知，体育教学模式是体育教学组织活动的一整套方法论体系，是在一定体育教学思想或体育教学理论指导下，为实现特定体育教学目标而设计的、相对稳定的体育教学活动程序，是联系体育教学理论和体育教学实践的纽带和桥梁。

二、体育教学模式的构成要素

体育教学模式的构成要素主要有以下几点：

一是教学思想。教学思想是构成教学模式的核心要素，也是教学模式的灵魂。教学模式是需要以教学思想为理论支撑的，人们在不同的教学思想理论的指导下会构建不同的教学模式。例如，20世纪80年代的愉快教学模式就是以同时期学生的实际需求为基础构建的，该教学模式提高了学生的参与度，激发了他们的参与热情。

二是教学目标。体育教学模式存在的意义是促进教学目标的实现。倘若没有教学目标，那么体育教学模式毫无意义。体育教学模式是围绕教学目标构建的，同时，教学目标也会对教学模式的其他构成要素起到限制作用。

三是操作程序。操作程序就是教学活动中的环节和流程。在体育教学工作中，按照时间顺序逐次进行的逻辑步骤以及各个步骤的具体执行方法就是操作程序。不管采用何种教学模式，操作程序都具有独特性。此外，操作程序并不是一固定就毫无变化的，但总体而言，它具有相对稳定性。

四是实现条件。实现条件是对操作程序的补充，主要有人力、物力、财力三方面的内容。进一步来说，也可以理解为教师、教学内容及学校所具备的教学设备等。

五是评估准则和方法。不同的教学模式适应不同的教学目标，并且在使用的程序和条件方面也是不尽相同的。每一种教学模式都有与之相对应的评估准则和方法，并且这些评估准则和方法都是独立存在的。

三、体育教学模式的特点

随着体育教学理论研究与教学实践的发展，出现了多种多样的体育教学模式。有的体育教学模式着眼于师生关系，有的体育教学模式着眼于教学目标，有的体育教学模式着眼于教学方法和手段，有的体育教学模式着眼于教学程序，有的体育教学模式着眼于教学内容，有的体育教学模式综合考虑了教学过程中的各种因素，等等。由于着眼点和侧重点不同，每种体育教学模式都有自己的适用范围与条件，有些体育教学模式的适用范围较广，有些体育教学模式只适用于特殊的教学情景。尽管体育教学模式的种类繁多，但它们都具有一些共同的特点。

（一）整体性

体育教学模式是一个整体性的系统，在体育教学模式中，教学思想、教学目标、操作程序、实现条件、评估准则和方法共同构成一个整体。体育教学模式要解决整个体育教学任务的完成问题，不能一一照顾到教学过程中的微小细节问题。在体育教学活动开展期间，必然是从教学宏观的角度出发来选择相应的教学模式；在教学过程中，解决问题应着眼于整体的角度，而不能为了教学中的一个小问题而选择不合适的教学模式。

（二）简明性

体育教学模式为体育教学活动的开展提供了一个整体框架，使得体育教学设计能在这个框架的基础上做到有的放矢。简单来说，教学模式是简化了的教学结构理论模型，它是从理论高度简明、系统地对凌乱纷繁的实际教学经验的理论化概括，对体育教学具有指导作用。

（三）稳定性

体育教学模式是对体育教学实践过程的高度概括，这种概括性和教学过程描述的简明性决定了体育教学模式的稳定性。体育教学模式适用于一定的体育教学思想，适用于多种教学内容、教学对象，不同教学模式在教学操作程序、教学目标实现方面有所不同，可以很好地适应体育教学实践，能够结合具体的教学情况，解决不同的体育教学问题。体育教学模式发展至今，有多个教学模式历经几十年依然在使用，在以后相当长的一段时期内，这些教学模式还会被使用，这充分体现了体育教学模式的稳定性。

（四）针对性

体育教学模式的选择不是随意的，必须是科学的，要与体育教学目标和教学对象相匹配。

一是针对不同的体育教学目标采用不同的体育教学模式。例如，为了促进学生自主学习能力的发展，培养学生的探索意识，多采用探究式体育教学模式。

二是针对不同的教学对象采用不同的体育教学模式。例如：在采用情境体育教学模式时，教师能以故事情境的形式开展体育教学活动，该教学模式适用于理解能力不强、体育基础较为薄弱的学生；快乐体育教学模式适用于展示一些简单的、趣味性强的教学内容，更适用于培养学生的运动兴趣。

（五）开放性

体育教学活动的开放性决定了体育教学模式的开放性。体育教学模式在结构上是稳定的，但是在体育教学模式的实施过程中，各要素的情况随着教学需要不断变化。体育教学模式的整体或细节的调节可以使体育教学模式更加符合体育教学实际。

（六）操作性

任何一种体育教学模式都必须能在体育教学实践中应用，再好的体育教学模式如果只能停留在理论阶段，都只是空谈。体育教学模式的实施可以使体育教师非常清楚地知道在教学中应该先做什么，再做什么，最后做什么。

第二节　体育教学模式创新

随着社会的不断发展，教育也在不断改革创新。在这样的大背景下，体育教学也面临着许多新的挑战和机遇。体育教学作为学校教育的重要组成部分，不仅能培养学生的身体素质和运动技能，还对其全面发展具有重要作用。随着社会的发展和教育理念的更新，传统的体育教学模式已经不能满足现代教育的需求，人们开始关注体育教学模式创新。因此，探索体育教学模式创新，有助于更好地满足当今学生的需求，提高体育教学质量和效率，为学生的全面发展贡献力量。

近些年，新出现的体育教学模式主要有以下几个：

一、自主协作体育教学模式

（一）自主协作体育教学模式的概念

自主协作体育教学模式是一种学生以协作小组为基本单位自主积极学习，在学习中进行自我判断、监控、评价，教师加以指引帮助，促进学生在小组学习过程中通过发散思维、相互交流、协作等对所学知识进行构建，从而达到预定教学目标的教学模式。在实施自主协作体育教学模式时，教师应结合学生学习的现状和社会对人才的要求等。

（二）自主协作体育教学模式的理论依据

自主协作体育教学模式的理论依据主要是人本主义教育思想。以亚伯拉罕·哈罗德·马斯洛（Abraham Harold Maslow）为代表的人本主义心理学所主张的教育思想对当代体育教育产生了广泛影响，它强调以人为本，以人的发展为中心，重视人的个性需要、价值观、情感、动机的满足，从满足主体生存需要的角度来发掘人的潜能。人本主义教育思想在体育教学中的体现就是主体性教学思想，该思想强调在教学过程中充分发挥学生的主体作用，最大限度调动学生的自觉性、积极性、创造性。

（三）自主协作体育教学模式的教学原则

自主协作体育教学模式符合现代教学理论的基本要求，提高了学生的参与程度。自主协作体育教学模式利用组内成员的互帮互学，使学生产生愉快的心理体验，从而养成终身锻炼的习惯。自主协作体育教学模式鼓励学生共同达到教学目标，促进同学之间的交流，能够培养学生的集体责任感和荣誉感。

教学原则是保证教学效果的基本要求，应用自主协作体育教学模式，除了应遵循一般的体育教学原则外，还应遵循以下几个原则：

1.自主性原则

教师应尽量设法提高学生学习的自主性。

2.情感性原则

自主协作体育教学模式更重视情感教学。教师应进行富有人情味的教学，促使学生更自觉地实现学习目标。

3.问题性原则

教师必须带着问题进行教学。教师在进行问题设计时要针对学生的实际，科学地运用教育学、心理学的理论分析课堂教学的各组成因素。

4.开放性原则

要遵循开放性原则，教师应注意以下三点：一是课堂教学形式要有开放性；二是课堂问题设计要有开放性；三是引导学生由点到面、由此及彼去解决学习问题。

（四）自主协作体育教学模式的环节

自主协作体育教学模式主要环节包括明确目标、学生自主学习、学生协作交流、总结评价等。

1.明确目标

在自主协作体育教学模式下，体育教师应明确目标，提出要求和问题。

2.学生自主学习

学生根据相应的教学目标，自主选择合适的学习方法。

3.学生协作交流

在自主协作体育教学模式下，体育教师起组织、帮助、指导的作用。体育教师可将学生分为不同小组，然后让其协作交流。

4.总结评价

在自主协作体育教学模式下，教师可采用多元评价的方式，如学生互评、学生自评、教师评价等。体育教学评价的内容主要包括教学目标达成情况、学生自主学习能力提升情况、学生协作交流中的积极状态等。总结评价课以整个小组为单位，使学生有更多的时间讨论。

（五）自主协作体育教学模式的构成要素

自主协作体育教学模式的构成要素如下：

1.协作小组

协作小组划分方式的不同将直接影响协作学习的效果。在通常情况下，协作小组以 10～12 人为宜。

2.学生

在教学过程中，体育教师可将学生合理分到各协作小组。学生的分组依据主要有学习成绩、认知能力等。在自主协作体育教学模式下，课堂的合作气氛比较浓厚，容易形成良好的团队氛围，只要学生积极参与，展示自我，就能得到更多的锻炼机会，学到更多的知识与技能。

3.体育教师

体育教师在教学过程中起主导作用，要有较高的专业素质，特别在评价过程中，要对结果进行客观公正的评价，从而使学生在自主协作体育教学模式中提高团队合作能力、人际交往能力和社会适应能力等。

4.教学环境

在自主协作体育教学模式中，体育教师应营造良好的教学环境，引导学生主动与同学进行交流、合作。

（六）自主协作体育教学模式的优势

自主协作体育教学模式的优势主要有以下几点：

1.有助于增强学生的自我效能感

自我效能感是指个体对自己是否有能力完成某一行为所进行的推测与判断。一个人自我效能感越强，完成行为的动机就越持久。在遇到困难时，自我效能感较弱的人更容易放弃，自我效能感较强的人则会迎难而上，积极迎接挑战。若学生自我效能感较弱，在教学中，其表现与锻炼的欲望往往也较低，在遇到困难时更易产生失望等消极情绪。

在自主协作体育教学模式中，学生之间既相互协作，又相互竞争。小组的学习任务往往难以由一个人独立完成，而是需要所有成员分工协作才能完成。

教师可根据实际情况运用自主协作体育教学模式，增强学生的自我效能感，促进学生发展。

2.有助于学生选择合适的认知策略

认知策略是学习者加工信息的一些方法和技术。认知策略的基本功能主要有以下两点：一是对信息进行有效的加工与整理；二是对信息进行分门别类的系统储存。

若在体育教学中运用自主协作体育教学模式，则教学氛围比较轻松、自由，有助于学生进行自主学习，准确认识自己的兴趣、能力、认知方面的不足等，选择适合自己的认知策略，从而不断提升自我。

3.有助于学生缓解考试焦虑

考试焦虑是人由于面临考试而产生的一种特别的心理反应，它是在应试情境刺激下，受个人的认知、评价、个性、特点等影响而产生的以对考试成败的担忧和情绪紧张为主要特征的心理反应状态。在考试之前，学生在意识到考试对自己具有某种潜在威胁时，就会产生焦虑的心理，这是学生中普遍存在的现象。

学生存在的考试焦虑主要有两种趋向：一种是在考试之前开始感到紧张和焦虑；一种是在学习过程中长期存在学习焦虑，而在考试之前则表现更为强烈。学生应该对焦虑有一个较为正确的认识。焦虑是人或动物对紧张情境的一种自然反应。心理研究的结果早已证明，适度的焦虑有助于学生更好地发挥自己的水平。

自主协作体育教学模式强调的是小组协作，淡化小组成员内的竞争，这有助于学生把注意力更多地转移到掌握知识和技能、提高学习能力上来，而不是一味地为争第一而学习，缓解考试焦虑。小组内学生往往对其他学生比较了解，能够将自己与其他学生进行客观比较，发现自己的优势和劣势，从而更好地完成学习任务。在自主协作体育教学模式下，学生被分为不同小组。学生若想完成任务，则应在小组内进行交流、沟通，进行小组协作。此外，在自主协作体育教学模式下，学生不是被动地接受信息，而是主动学习，这也有助于缓解考试焦虑。

二、运动处方体育教学模式

（一）运动处方体育教学模式的概念

运动处方是由康复医师、康复治疗师或者体育教师、社会体育指导员、私人健身教练等，根据患者或者体育健身者的年龄、性别、一般医学检查、康复医学检查、运动试验、身体素质或体能测试等结果，按其年龄、性别、健康状况、身体素质、运动器官的功能状况等，结合主客观条件，制定的适合患者或者体育健身者的处方。运动处方一般包括运动内容、运动强度、运动时间、运动频率，以及运动中的注意事项等内容，有助于达到科学地、有计划地进行康复治疗或预防健身的目的。

运动处方体育教学模式是建立在学校体育健身功能之上，以系统的自我身体状况监控、运动技术筛选、运动负荷调控等知识为主要学习内容，促进学生建立自我身体状况认知意识，学会自主制定科学、有效且符合自身特点的运动处方方案为主要教学目的的体育教学模式。

无数的实验和研究已经证明，同传统体育课教学模式相比，运动处方体育教学模式能够有效提升学生的身体健康水平，增强他们的身体素质。

（二）运动处方体育教学模式的特点

运动处方体育教学模式具有科学性、针对性、实效性等特点。运动处方体育教学模式是以学校和学生的实际情况为依据的、针对性很强的循环式体育教学模式，注重学生主体性的发挥和自主学习能力的培养。学生可在教师的帮助下，根据自己的实际情况制定并执行适合自身发展的运动处方，养成体育锻炼的习惯和终身体育的意识。

1.科学性

运动处方体育教学模式具有较强的科学性。在运动处方体育教学模式下，教师会统计、分析每位学生的测试数据，并遵循相应原则。

2.针对性

运动处方体育教学模式具有较强的针对性。在体育教学中运用运动处方体育教学模式时，教师需要引导学生分析自己的体质状况，并以此为依据制定适合自己的运动处方。

3.实效性

运动处方体育教学模式具有较强的实效性。在运动处方体育教学模式中，学生能够在教师的指导下对运动处方进行及时调整，从而增强体育锻炼的效果。

（三）运动处方体育教学模式在大学体育教学中的实践

笔者对大学生进行分组对比实验。学生总共 240 人，均是参加体育必修课的学生。其中 120 人进入实验班，120 人进入对照班。实验班按照运动处方体育教学模式进行教学，对照班依照普通高校体育课教学大纲的要求，按教学进度进行常规教学。

实验周期为 18 周。实验前，教师对两个班 240 个学生进行体质测试。测试项目包括 12 分钟跑、100 米跑、立定跳远三项，分别测试学生的耐力、速度和腿部力量等。学生体质测试的标准采用《国家学生体质健康标准》，学生的各项体质测试成绩在 80 分以上，定为优秀。这次测试主要统计实验班和对照班学生的优秀率。在测试结束后，教师把实验班和对照班学生的各项体质测试数据进行对比和分析，然后分别对实验班和对照班学生进行教学，从而得出相应实验结果。

实验前，240 名学生的体质测试结果如下：

第一，12 分钟跑方面，实验班达到优秀的学生有 50 人，优秀率为 42%；对照班达到优秀的学生有 55 人，优秀率为 46%。

第二，立定跳远方面。实验班学生达到优秀的有 68 人，优秀率为 57%；对照班学生达到优秀的有 62 人，优秀率为 52%。

第三，100 米跑方面，实验班学生达到优秀的有 62 人，优秀率为 52%；对照班学生达到优秀的有 64 人，优秀率为 53%。

实验前学生的体质测试结果显示，实验班与对照班学生各项身体指标均无显著差异。

经过 18 周实验后，240 名学生的体质测试结果如下：

第一，12 分钟跑方面。实验班达到优秀的学生有 101 人，优秀率为 84%；对照班达到优秀的学生有 75 人，优秀率为 63%。

第二，立定跳远方面。实验班学生达到优秀的有 106 人，优秀率为 88%；对照班学生达到优秀的有 69 人，优秀率为 58%。

第三，100 米跑方面。实验班学生达到优秀的有 89 人，优秀率为 74%；对照班学生达到优秀的有 67 人，优秀率为 56%。

实验结果显示，实验班和对照班学生的身体素质都有不同程度的提高，但实验班学生的各项身体指标比对照班学生的相关指标增长幅度明显。

实验证明，运动处方体育教学模式和传统体育教学模式都能促进学生的健康，提高学生的身体素质，但运动处方体育教学模式在促进学生的身体健康、提高学生的身体素质方面，效果更加明显。

三、"生态体育"教学模式

（一）"生态体育"教学模式的概念

"生态体育"教学模式是一种要求学生与自然、社会亲密接触，运用适当的体育教学手段，实现对学生灵魂和肉体的双重历练，培养学生的适应力和生存力的教学模式。将"生态体育"教学模式运用到体育教学中，能够丰富教学内容，实现教学手段的多样化，激发学生学习的积极性，提升学生的人文素养和心理健康水平，增强学生的环保意识。

（二）"生态体育"教学模式的特征

"生态体育"教学模式的特征主要有以下几点：

1.自然性

"生态体育"教学模式的特征之一是自然性。在"生态体育"教学模式下，教师引导学生走出传统意义上的课堂，融入自然生态环境和社会生态环境中，在教学过程中充分利用生态资源，让学生在感受自然气息的同时获得身心发展，从而增强学生热爱自然、保护自然的意识。

2.适应性

"生态体育"教学模式具有适应性。"生态体育"教学模式的适应性可以理解为主动适应。随着时代的发展，传统的体育教学模式已无法满足现代社会的需求，而"生态体育"教学模式适应社会发展变化，可以培养出社会需要的体育人才。

3.层次性

"生态体育"教学模式具有层次性。现代体育教育生态系统是一个由政治、经济、文化等系统构成的多因子、多层次的复杂系统，而人的主观能动性对其有一定的制约作用。在"生态体育"教学模式下，教师能充分挖掘生态体育不同层次的功能，充分考虑不同层次不同学生的需要。

近年来，虽然有不少学者对"生态体育"进行了研究，但调查发现，真正采用"生态体育"教学模式的学校极少。有些学校虽然在进行一些尝试，但并没有形成系统。因此，"生态体育"教学模式缺乏足够的实践经验，仍需面对一系列挑战。

四、"三联互动"体育教学模式

（一）"三联互动"体育教学模式的概念

要想了解"三联互动"体育教学模式的概念，应先理解以下几个概念：

1.开放

所谓开放，其原意是指解除封锁、限制和禁令。而开放教学指的是以师生共同营造开放的学科世界为途径，以学生获得主动发展为目的的教学活动形态。体育教学的开放是指体育教学中应当树立开放的理念、建立开放的系统，体现体育教学的广阔性、选择性和灵活性，从而使教学焕发生机与活力。

体育教学的开放主要包括教学内容、教学时空、教学组织、教学方法以及教学评价的开放。

教学内容的开放一方面指要不断吸收相应的新知识、新项目、新经验，另一方面指学生在众多的内容中可以根据自身的需要自愿选择。

教学时空的开放指学生能够在任何可行的时间内进行体育学习，其学习场所包含了校园、社会、大自然等。

教学组织的开放指体育教学中应存在多种组织形式，如交流、参观、讨论以及个体的学习等。

教学方法的开放指教学中不再拘泥于讲解、示范、模仿、练习、纠正错误等传统的教学方法，而应当根据实际情况灵活地选择多种教学方法，尝试使用新型教学方法。

教学评价的开放指不再局限于终结评价、教师评价、统一标准评价、身体和技能评价，而应建立一套开放的、多元化的体育学习评价体系，以发挥评价所具有的引导、激励与反馈功能。

2.自主

所谓自主指对自身活动具有支配和控制的意识与能力。而自主学习指的是学生主体对学习的各个方面都能自觉地做出选择和控制。体育教学的自主是指在体育教学中应提倡自主学习，培养学生的体育自主学习能力。在自主的情境中，学生往往能更好地把握科学锻炼身体的程序与方法，具备更高的体育学习能力。

体育教学中的自主学习应当是学生在体育参与中所一贯表现出来的学习方式。这种学习方式是在体育教师的引导下自觉地运用体育学习策略主动有效地进行体育活动的方式。而体育学习策略是指在体育课程情境中为了实现自己的体育学习目标，学生对体育学习任务及各种环境条件的认识、对体育学习方法的选择和使用，以及对体育学习步骤与过程的调控。对学生体育学习策略的培养是体育教学的一项重要任务。因此，在体育教学中，教师要培养学生的自主学习能力、自主精神，引导学生将自主学习作为体育学习的主要方式。

3.体验

所谓体验是指在对事物的真切感受和深刻理解的基础上所能产生情感并生成意义的活动。体育教学应当是一个注重体验的过程，其实质应是一种体验教学。

体育教学所倡导的体验，首先是视体验为教学的价值观，重视学生主体精神、强调人的价值和主观能动性等，使体验真正实现学生主体的主动发展。其次，视体验为教学方法。为了学生的学习体验，教师应当以学生的经验与活动为基础，以学生的积极参与、身心投入为前提，以学生的自主体验为核心展开教学。在体育教学中，教师应尽力提供和创设各种条件和情境，让学生最大限度地敞开自己的心灵，在运动中品味体育、感受生活、领悟人生。

4.三联互动

所谓"三联互动"是指，将开放、自主和体验三者联合起来视为一个整体，使三者之间相互影响、相互促进。只有将三者联合起来，使彼此之间达到一种协调，才能真正发挥"三联互动"体育教学模式的作用。

"三联互动"体育教学模式就是将开放教学模式、自主教学模式、体验教学模式紧密结合起来，形成相互融合、相互促进、相互支撑的一个有机整体，通过开放式教学为自主式教学和体验式教学创造条件，通过自主式教学和体验式教学更好地推动开放式教学的发展，以此提升学生的学习积极性、主动性和创造性。

（二）"三联互动"体育教学模式的基本特征

"三联互动"体育教学模式的基本特征就是生活化。所谓生活化，就是在体育教学过程中把培养学生的日常行为同体育教学密切联系起来，使体育本身成为学生日常生活的一部分。这就要求体育教学内容生活化，体育教学组织形式生活化，体育学习活动方式生活化。

在体育教学中运用该教学模式，使教学在开放的情境中更加注重学生的真实体验，更加注重教学的过程性，体现学生的自主性，这有助于体育教学的生活化。在体育教学开放的环境条件下，学生可以根据自己的实际情况自主地选择学习内容、学习时间，自主地进行学习过程的规划与调控、学习效果的自我评价。此外，"三联互动"体育教学模式更加提倡学生在教学活动中的体验，视体验为体育教学的根本方法。这种开放、自主、体验的教学模式，同学生日常生活的行为方式和行为习惯趋于一致。因此，"三联互动"体育教学模式为体育走进学生的日常生活、学生形成健康的生活方式奠定了基础。

（三）"三联互动"体育教学模式的核心理念

所谓终身体育，是指一个人终身进行体育锻炼和接受体育指导及教育。以开放、自主、体验为主的"三联互动"体育教学模式，能够有效地培养学生的终身体育意识、终身体育能力和终身体育习惯。

在开放的教学资源与教学环境条件下，学生能够根据自己的需要自主地选择体育学习内容、活动时间和活动方式等，在运动体验中强化体育意识，提高体育自主学习能力，而自主学习能力的提高又有助于终身体育能力发展。

在开放、自主、体验"三联互动"的体育教学过程中，学生往往具有积极的体育参与意识，能够获得丰富的体育经验，有愿望并有能力持续终身地丰富体育经验。因此，"三联互动"体育教学模式能更充分地体现、落实终身体育这一核心理念。

（四）"三联互动"体育教学模式的实施

由于"三联互动"体育教学模式是针对体育课程与教学而设计提出的。从纵向看，体育教学覆盖了学生在校期间的整个阶段；从横向看，体育教学包含各种类型体育学习的内容（如健身类、竞技类、休闲类和拓展类）。

关于"三联互动"体育教学模式的实施，下面，笔者主要从诊断、确立学习目标、制订学习计划、实施计划和评价等五个步骤着手。

1.诊断

诊断的内容包括运动参与、运动技能、身体健康、心理健康和社会适应的现实状况。通过计算机网络进行体育教学管理和教学指导，是学习型社会中体育教学运用的基本手段。在该步骤中，教师可对学生进行积极的引导，使其在已经建立好的诊断体系指标中选择填写自己的实际情况，通过计算机分析与处理，给学生反馈结果和建议。

2.确立学习目标

根据诊断结果，学生可提出自己在某一学段或某一时期内应努力的方向，即可行的学习目标。在该步骤中，学生可在教师引导下对照运动参与、运动技能、身体健康、心理健康和社会适应等方面的具体细则，在计算机管理系统中选择填写本阶段内的可行的学习目标。可以说，让学生自己确立学习目标，有助于其体育学习动机的自我激发与体育学习能力的提高。

3.制订学习计划

根据已确立的学习目标，学生可制订相应的体育学习计划。在该步骤中，教师可引导学生认真分析体育教学选课系统的有关说明，根据自己所确立的学习目标选择学习内容、所要参加的教学组织形式、参加学习的时间等。

4.实施计划

学生可根据制定的学习计划全面展开体育学习活动。由于选择的学习内容不同，不同学生的学习计划往往有所差异。但总体来讲，体育教学活动的进程均应经过以下三个阶段：引导与尝试体验阶段、指导与主动体验阶段、协助与自主体验阶段。

（1）引导与尝试体验阶段

在教师引导下，学生从整体上大致了解所学内容，初步发现该类体育内容的基本特点，初步体会该类体育内容的直接意义。在体育教学中，教师要着重考虑解决学生的学习动力问题，即注重学生体育学习的需要、动机、兴趣和情感。

（2）指导与主动体验阶段

在教师的指导下，学生逐步体会到该类学习内容的内在意义，认识到学习内容的基本规律，基本掌握该类学习内容的学习策略，并能够主动地运用策略获得经验。在体育教学中，教师要着重培养学生的学习能力，注重学生对学习经验的积累与内化，注重对学生自我反省的元认知训练。在该阶段中，教师应突出学生的主体地位，以学生的主动体验为主，充分发挥学生的能动作用，使学生在学习活动中主动发现该类学习内容的特征和规律，领会学习的意义，并能够开始运用学习策略进行新经验的获得。

（3）协助与自主体验阶段

这是进行教学活动的核心阶段，也是学习时间最长的阶段。在协助与自主体验阶段中，学生要多运用体育学习策略进行体育学习活动，并不断强化与提高自己的体育学习能力。在充分开放与自主的学习情境中，学生要全身心地投入对该类内容的学习。在体育教学中，教师要着重考虑维持教学活动的协调运行。要想使教学活动协调运行，教师要能够有效协助学生进行体育自主学习，通过合理有效的反馈作用把握与调控教学活动。为了使自主体验活动持续进行，教师还应考虑学生体育学习的毅力问题。教师不仅应注重对学生非智力因素的培养，还要注重对学习目标、教学内容、组织形式、教学方法及评价与反馈等方面的合理调控。教学过程不完全是一个按照原定计划执行的过程，而是一个灵活的创生过程。

5.评价

评价贯穿体育教学活动的始终。在"三联互动"体育教学模式中，对学生进行体育学习的评价应当是开放、自主的。评价的方式主要是学生根据计算机教学管理系统中的体育学习评价体系而进行的。教师的评价则更多地体现在体育教学实践的适时反馈上。

五、快乐体育教学模式

（一）快乐体育教学模式的概念

国民身体素质对国家的发展至关重要，只有身体素质过关，国民才能投身于社会主义事业的建设中，而快乐体育有助于国民快乐地、主动地进行体育实践。

快乐体育教学模式指的是在以运动为基础的前提下，教学人员采用适宜的教学方法，一方面增强学生的体能，另一方面使学生在体育学习中获得快乐的体育教学模式。快乐体育教学模式的指导思想是让学生在教学过程中，不仅能学到运动技能、锻炼身体，还能充分感受到快乐，进而培养学生的终身体育意识。

快乐体育教学模式是按"初步体验—挑战学习—创造乐趣"的大致流程进行的，它没有固定的教学方法，经常会随着教师和学生的改变有所不同，但其最终目的就是让学生快乐地进行体育实践。

快乐体育的教学思想源于日本和德国，有着非常明显的时代特征。随着我国体育教学模式的不断改进，快乐体育思想也逐渐影响着国人，体育教育工作者也进行了不懈的理论研究与实践探索。当前，快乐体育教学模式已经在各地取得了一定发展。快乐体育教学模式不仅有助于改革传统的体育教学模式，也有助于人们重新认识体育锻炼。快乐体育要求教师在体育教学过程中通过激发学生的主观能动性，调动学生进行体育实践的积极性、积极性，使学生能快乐地进行体育实践，并形成终身锻炼的思想。

（二）快乐体育教学模式的优势

相较于传统的体育教学模式，快乐体育教学模式独具特色，也具有一定优势。它有一套完整的思想体系，能在进行情感教育的基础上对学生进行人格教育、身体教育，关注运动给学生带来的乐趣，充分激发学生运动的积极性、主动性。

快乐体育教学模式的优势主要有以下几点：

1.培养学生的主观能动性

在快乐体育教学模式下，真正的主体不是教学人员，而是学生。学生是体育教学工作服务的对象，教师应当充分尊重学生的主体地位。部分体育教学模式忽视了学生的主观能动性，让学生一直处于被动接受的地位。但是，每个学生都有自己的思想，快乐体育教学模式能让学生在一种愉悦的气氛中学习，有助于发挥学生的主观能动性，开发学生的思维。此外，快乐体育教学模式比较灵活，不会让所有学生都朝着一个目标发展，教师会根据学生的特点及长处因材施教。

2.使学生由厌学变为乐学

快乐体育教学模式就是要调动学生学习的积极性，使其从厌学转变成乐学。主动与被动有着本质的区别：学生在被动接受某件事时，心情会非常糟糕，感到压抑；学生在主动接受某件事时，就会感到愉悦。快乐体育教学模式就有这种魅力，它从根源上发掘快乐，让学生由被动接受变为主动参与，充分调动学生主动学习的积极性。只有学生积极主动地进行学习，受教育这一过程才会变得快乐。

3.与其他学科相辅相成

体育教学与其他学科的教学是相辅相成的。快乐体育教学模式既有助于学生的身心健康，也有助于他们学习其他知识。快乐体育教学模式主要以体育课堂教学为主，以课间操及其他课外体育活动为辅，学生在从体育活动中获得快乐之后，会更乐于学习其他课程。

4.发展学生的体育能力

快乐体育教学模式的精髓就是寓教于乐。快乐体育教学模式强调以学生的体育需要、情感需要和人格需要为出发点，强调学生的学习动机应建立在自身的需要和对社会的责任感上，强调学生要用适宜的方法、顽强的意志和强烈的兴趣来调节自身的学习活动，强调把学习中的成功体验、锻炼中的乐趣作为追求目标。这样才能真正地在教学中营造和谐、愉悦、快乐的氛围，才能真正地使学生乐于学、喜欢学，才能使学生自觉、主动地发展体育能力，从而培养学生良好的思想品德。

5.帮助学生树立正确的体育观

快乐体育主张以全面育人为出发点和归宿，面向终身教育，从情感教学入手，强调育体与育心相结合，使师生在愉快的环境中锻炼身体、磨炼意志、陶冶情操，使学生的身心得到全面、和谐的发展。因此，体育教师不仅要教给学生科学锻炼的理论，更应从体育实践出发，将理论与实践有效结合。如果学生按教师介绍的方法练习后效果很好，就能引起他们的兴趣，帮助他们养成经常锻炼的习惯。在快乐体育教学模式中，学生能够掌握较为丰富的体育理论知识，形成正确的体育观，增强运动能力，对自己的健康状况、体育锻炼效果等作出客观的自我评价。随着环境的变化和年龄的增长，学生很可能成为终身体育的受益者。

6.满足体育教学模式改革需要

从教育理论上看，快乐体育教学模式认为情感是知识向智力转化的动力，是联系教师和学生的桥梁，是人格发展的有机组成部分。因此，体育教学必须在学生自主学习、自觉学习的基础上，真正让学生成为课堂的主人。教师在教学中应当公平地对待每个学生，善于启发、引导学生，充分尊重学生的主体地位。

体育教学是实现学校体育目的的基本途径，基本组织形式是体育课。当前的体育教学模式中仍然存在一些问题，要解决这些问题，就必须对体育教学模式进行改革。这就要求全面贯彻新的教育观，把体育教育、健康教育、生活教育、保健知识教育等融为一体，改变旧的教学内容和方式，让学生在读书阶段学到终身受益的体育知识。

快乐体育教学模式能够满足体育教学模式改革需要，强调在体育教学过程中，教师采用多种方法、手段等对学生进行启发和引导，使学生从被动接受变为主动追求。采用讨论或游戏竞赛的方式，让学生在欢乐和愉快的课堂气氛中完成教学任务，在一定程度上既满足了学生的运动欲望，巩固了知识技能，又能实现寓教于乐，帮助学生逐步形成自学、自练和自查的能力。

7.能实现"玩"中有学

快乐体育教学模式的教学手段强调教法的灵活多样性和学法的实用有效性，将"玩"融入体育课堂。爱动好玩是学生的天性，学生兴趣广泛，好奇心强，常常以直接兴趣为动力，这就要求体育教学应从学生的兴趣点出发，采取灵活多样的"玩"的形式，这样既能激发学生参与体育活动的兴趣，又能让学生在娱乐活动中反复练习体育教学内容，实现体育教学目标，完成学习任务。目前，将"玩"融入课堂，已成为提高体育教学质量的有效手段之一。求新、求奇是学生的一大心理特征，教师应抓住这一特征，不断创新体育教学手段，让学生爱"玩"；创设教学情境，让学生敢"玩"。在许多学生心中，教师的形象是高大的，他们对教师是尊敬的，因而教师应主动与学生建立深厚的感情，和学生多在一起活动。

8.组织形式多样化

快乐体育教学模式的组织形式更加多样化，能更好地促进学生个性的和谐发展。在新时代背景下，任何人都不能故步自封，放弃学习必将遭到社会的淘汰，学生自然也不例外。当代的学生是具有个性的一代，是追求个性的一代，这是社会进步的表现。体育教师不应该抹杀其个性，而应充分利用这种组织形式，开发其个性，使其形成正确的世界观、人生观、价值观，为培养创新型人才贡献力量。

在教学组织上，快乐体育教学模式遵循"严而不死""活而不乱"的原则，既有严密的课堂纪律，又不失生动活泼，并强调多向交流和教学环境的优化。随着学校体育场地器材的不断完善，教师可用丰富多变的组织形式来引导学生，使学生融入体育运动中，这样既满足了学生的好奇心，又使其得到了充分发展，从而让学生在锻炼身体的同时，形成团结一致、不惧困难、顽强拼搏的意志品质。

快乐体育教学模式是时代精神的反映，是民主、和谐理念在教学中的体现，与我国政治、经济、文化等的发展密不可分，与教育改革及体育改革密切相关。如今，尽管在实施过程中仍有许多不足，但随着国家经济的进一步发展、体育设施的逐步完善、人们认识的不断深入和广大师生的共同努力，快乐体育教学模式会越来越完善。

（三）快乐体育教学模式的实施

快乐是一种愉快的情感体验，而乐趣则具有使人产生愉快情感体验的运动特性。所以，快乐体育教学模式强调运动与生活相结合，最终实现主动、快乐和个性发展的效果。

在实施快乐体育教学模式时，需要注意的方面包括以下几点：

1.认识到快乐体育的重要性

部分教师认为体育课只是起到锻炼身体的作用，甚至有的教师认为应该减少体育课，学生应该把重点放在文化课的学习上。所以要想真正实施快乐体育教学模式并使其发挥作用，就需要对体育教师进行培训教育，让体育教师认识到快乐体育的重要性。

2.重视快乐体育教学工作中的主体

快乐体育教学模式弱化了教师的地位，强化了学生在教学中的主体地位。只有受教育的对象能够从思想上、行动上接受某种教学模式，从中体会到获得知识的快乐，体育教师的教学工作才能事半功倍。此外，每个学生进行体育学习的基础、目标以及学习方式等是不同的，教师只有根据学生的实际情况和需求因材施教，鼓励并引导学生，才能取得良好的教学效果。

3.建立和谐的师生关系

体育教学是一个复杂的活动，它要求教师在教学工作中，不仅要培养学生的身体素质，还要对学生的思想进行引导。快乐体育教学模式强调在教学工作中建立和谐的师生关系。和谐师生关系的建立是顺利实施快乐体育教学的关键。首先，体育教师应用自己良好的思想品德、高超的运动技巧、诙谐有趣的教学风格影响学生；其次，在快乐体育教学中，教师还需与学生建立一种亦师亦友的关系，让学生在课堂教育中感到轻松，真正在快乐中学习；最后，在课堂实践中，体育教师应与学生进行有效的师生互动，还要根据不同学生的性格特点进行个性化教育，鼓励学生有自己的想法，激发他们学习体育的兴趣。

4.有组织地进行体育教学工作

快乐体育教学模式的主要目的是以运动为基础，让学生逐渐认识运动，爱上运动，终身运动。这就要求体育教师进行合理的安排。

首先，体育教师应充分利用每节体育课，结合学生关注的重点，深化学生对体育运动的认识。

其次，可在课堂上组织有趣味的体育游戏，激发学生对体育运动的兴趣，使学生在游戏中进行体育锻炼。

最后，在运动技能的教学过程中，教师要考虑学生的情绪，做好引导工作，多鼓励、少批评，让他们感受运动的快乐。

5.发掘学生的个性

传统的体育教学模式关注运动对学生身体素质的改善情况，而快乐体育教学模式侧重学生的个性发展，致力于挖掘学生从事某项运动的潜能。快乐体育教学模式能培养学生的独立创造能力，丰富学生的精神生活，促进学生的全面发展。

六、俱乐部体育教学模式

（一）俱乐部体育教学模式的概念

俱乐部体育教学模式是由学生自主选择教师、项目、时间和地点，并以俱乐部的组织形式进行授课的一种教学模式。

俱乐部体育教学模式旨在发挥学生的主观能动性和创造性，让学生在体育锻炼中获得愉悦感、成就感，从而培养学生参加体育锻炼的意识，达到提高学生运动能力的目的。俱乐部体育教学模式是以培养学生终身体育意识、习惯和能力为主的教学模式，它能把学校体育与社会体育有效地衔接起来，并使体育最终向终身化方向发展。

俱乐部体育教学模式是一种符合现代课程理念的新型教学模式，在课程的设置上注重过程结构的稳定性和教学方法的合理性。学校应当为学生开设多种俱乐部课程，让学生拥有一定的自由选择权，不受年级、班级等的限制，能够根据自己的需要和兴趣等选择学习项目和授课教师。在课余时间，各个俱乐部可以自行组织竞赛等活动，这些活动一方面是对体育课教学的补充，另一方面可丰富学生的课余生活。

俱乐部体育教学模式注重培养学生的体育兴趣，提高学生的运动技能。学生在学习过程中占据主体地位，可以充分地发挥自己的主观能动性；还可以积极参与教学过程，并在教师的指导下更好地学习体育技能。同时，这种教学模式注重理论与实践的结合，能让学生在体育锻炼过程中学到更多的生活常识。

采用俱乐部体育教学模式进行教学时，教师首先要从学生的实际条件出发，然后引导学生根据自己的兴趣和需求进行自主选择，系统进行体育教学，使学生养成良好的体育习惯。俱乐部体育教学模式完全是根据学生的兴趣设置课程，提高了教学资源的利用率，减少了浪费；还能促进教师专业能力的提高，因为学生是自主选择教师的，如果教师的能力不足，他被选的机会就会大大减少，这样可以间接促进教师不断学习和完善自己。

（二）俱乐部体育教学模式的特点

1.参与的自愿性

许多学生喜欢俱乐部体育教学模式，他们认为这种教学模式尊重其个人发展意愿，能激发他们的学习兴趣，有助于调动他们的学习积极性。同时，在俱乐部体育教学模式中，学生还可以获得充分表现自我、施展才华的机会，因此很多学生会在自愿的前提下积极参与俱乐部的各种活动。

2.目的的多样性

目的多样性是俱乐部体育教学模式的另一大特征。有的学生是为了满足自己的兴趣，进一步提高自身的运动技能；有的学生是为了缓解日常学习的压力，舒缓身心；有的学生是为了提高自身的沟通交往能力；还有一部分学生把这一学习过程作为提高自身社会适应能力的一个良好机会。总之，俱乐部体育教学模式为学生提供了锻炼和提升自己的平台。

3.内容的丰富性

俱乐部体育教学模式是对传统体育教学模式的一种突破，丰富了传统的体育教学内容。在俱乐部里，学生可以参与诸多体育项目，如足球、篮球、排球、乒乓球、网球、羽毛球等。俱乐部体育教学模式使学生的学习热情和积极性得到激发，有利于提高学生的身心健康水平。

（三）俱乐部体育教学模式的优势

俱乐部体育教学模式的优势主要有以下几点：

1.有利于激发学生对体育的兴趣

俱乐部体育教学模式给学生提供了根据自己的兴趣自由选择体育项目、自由选择体育教师的空间，这在很大程度上激发了学生对体育的兴趣。俱乐部体育教学模式将选择权交给学生，让学生择其所好、学其所能、展其所长，使学生的个性得到充分发展。

2.有助于调动教师的教学积极性

俱乐部体育教学模式打破了课时的限制，并很好地引进了竞争机制，学生可以自主选择自己喜欢的体育运动项目和体育教师。如此一来，就会在无形中调动教师的积极性，提高其教学水平。

3.有助于实现体育教学目标

体育是实施德育、智育、美育的基础。俱乐部体育教学模式在尊重学生个性的同时，向学生传授体育知识，让他们掌握体育技能，这正是当前素质教育积极倡导的教育理念。俱乐部体育教学模式的应用有利于实现体育教学目标，贯彻健康、娱乐的教学理念。

4.有助于学生树立健康的体育思想

在俱乐部体育教学模式下，教师在教给学生体育知识的同时，还教给了学生体育运动技能，引导学生树立终身体育意识。俱乐部体育是以学生为主体的群体性活动，他们有着共同的爱好，通过参加各种体育竞赛和趣味活动，在交流中获得运动技能，拓宽知识面，形成健康的体育思想。

5.有利于校园文化建设

俱乐部体育是一种新型的校园体育文化活动，既能满足素质教育的要求，又符合当前的实际要求，逐渐被师生所认同，同时也成为校园文化建设的热点。俱乐部体育教学模式无疑给校园文化建设添上了浓墨重彩的一笔，它将许多爱好相同的学生融合到一起，集娱乐、健身、竞赛于一体，让体育活动呈现出一派生机勃勃的景象。

（四）俱乐部体育教学模式的构建

要想构建俱乐部体育教学模式，教师应注意以下几点：

1.重视学生运动安全

许多学生缺乏安全意识，在运动的过程中不能辨别危险，所以要想构建俱乐部体育教学模式，就要重视学生运动安全的问题，这既是责任，也是义务。有些学生往往比较活泼好动，无论是打篮球还是跑步，抑或是打羽毛球等，都可能会出现运动损伤。由于他们不能准确把握力度，再加上不同学生的协调能力有强有弱，所以在参与有一定强度的运动时，很容易会出现身体损伤，这是运动风险的一种体现。

教师应该教会学生如何正确参与运动，让他们明白自己的一些动作是存在运动风险的，很可能造成十分严重的后果。如果在教学过程中学生出现了运动损伤，教师就要及时识别伤情，明确学生出现运动损伤的原因以及损伤的基本情况，在必要时将受伤学生送往医院治疗。

总而言之，当教师重视学生运动安全时，学生就会在思想上认识到自身行为存在的运动风险，尽量避免在体育运动中出现运动损伤，从而为俱乐部体育教学模式的构建打下基础。

2.营造良好的校园体育氛围

从俱乐部体育教学模式构建的情况来看，大部分俱乐部的体育水平普遍不高，之所以如此，主要是因为校园体育氛围缺失。良好的校园体育氛围不仅可以培养学生积极向上的精神，还能激发学生的进取意识。营造良好的校园体育氛围，需要体育教师对学生一视同仁，关注每个学生，尊重每个学生。对于在体育方面表现一般的学生，教师应对其进行鼓励，及时发现他们的进步，这样可以使学生在体育教学中获得愉快的感受。

3.重视学生的主体地位

一些教师在构建俱乐部体育教学模式时比较重视促进学生体育水平提升、促进学生体育心理形成等方面，但并不重视学生的主体地位，导致学生的主体地位被忽略。对俱乐部体育教学模式进行构建，需要在保证学生健康的基础上，重视学生的主体地位，了解学生的个体差异。

总而言之，构建俱乐部体育教学模式，能够提高学生的体育水平，同时可以培养其健康意识，最终完善其人格。

4.注重教学模式的实践性

在构建俱乐部体育教学模式时，教师要注重教学模式的实践性。如今，体育教师除了进行课堂教学，还应该鼓励学生多参与课外体育，将课外体育知识纳入俱乐部体育教学模式。例如，教师可以给学生下达课外体育学习任务，让他们自主感受体育，化被动为主动。在实践过程中，教师要将校内体育与校外体育相结合，破除体育教学等同于体育课堂的观念，让学生进行体育实践，让他们按照自己的理解，学习体育知识，掌握体育技能。

5.保证教学过程的趣味性

在实践方面，在构建俱乐部体育教学模式时，教师要保证教学过程的趣味性。俱乐部体育教学模式的构建，重点在于明确目标，对学生进行引领，摆脱分段式教学的束缚，激发学生的学习兴趣。如果学生没有学习兴趣，则一切教育模式、教育手段往往难以起到作用，而保证教学过程的趣味性，恰恰可以解决这一问题。

现代社会，科学技术迅猛发展，终身教育理念的普及以及竞争压力的不断增大，都对人们的能力提出了更高的要求，单一的知识积累已经不能满足当今社会的发展需求。因此，体育教学必须在教学模式上进行一定的改进，培养学生的运动能力、创造能力、自学能力和社交能力。在越来越多的实践活动中，人们已经充分意识到能力的重要性。在这样的背景下，从强调知识的传授逐渐转向重视能力的培养就成为高校体育教学模式改革的一个重要方向。这可以使学生在参与实践活动的同时，对自己有更加全面的认识，不断挖掘和培养自身的各项能力。

要想构建好的体育教学模式，教师要学习与借鉴国外成功的经验。需要注意的是，在学习与借鉴国外成功经验时，教师要有选择地取舍，避免完全照搬，要将国内外的体育教学模式结合起来，取长补短。国情不同，高校体育教学情况也就有所不同，如果一味倡导"拿来主义"，就会失去中国体育教学的特色。因此，注意借鉴的合理性与适当性，在学习与借鉴国外成功经验的基础上构建有中国特色的高校体育教学模式，具有重要意义。

随着体育教学模式的不断丰富，多种教学模式并存已成常态。不同学校的体育设施、办学条件、体育传统、师资力量等都有所不同，即使采用同一种体育教学模式，也会产生不同的教学效果。这就要求体育教师在综合考虑本校特点及现有资源的基础上，对体育教学模式进行合理改进，探索适合本校的体育教学模式。

第四章　互联网技术
在体育教学中的应用

第一节　基于慕课的体育教学

一、慕课概述

（一）慕课的概念

　　慕课（massive open online course, MOOC），即大规模开放在线课程，是一种通过开放教育资源，使大众人群通过网络来学习的在线课堂。慕课是计算机网络技术迅速发展的产物。慕课适用于专家培训、各学科间的交流学习等。通过慕课，每个人都能获取来自名牌大学的资源，可以在任何地方、用相关设备进行学习。

　　慕课在教育教学领域得到了广泛应用，在打破教育时空限制的同时，为教育资源共享和优化配置提供了有效途径，也加快了我国教育信息化的步伐。

（二）慕课的特征

　　慕课主要具有以下特点：

　　第一，资源的完整性和高质量性。慕课一般都是依托名校优秀教师主讲的优质课程，具有完整的课程结构，如课程目标、时间安排、作业练习等。此外，慕课微视频、测试、作业和仿真实验都是由专业队伍来设计、开发的，能很好地保证教学资源的质量。

第二，资源的使用便利性。慕课通过互联网传播，不受时间、地点等的限制，课程注册便捷。学生可以根据自己的时间和进度进行学习，还可以在课后参与或观看课程讨论。

第三，工具、资源多元化。慕课整合多种社交网络工具和多种形式的数字化资源，拥有多元化的学习工具和丰富的课程资源。

第四，课程受众面广。慕课突破传统课程人数限制，能够满足大规模课程学习者学习。

第五，课程参与自主性。慕课具有较高的入学率，同时也具有较高的辍学率。只有具有较强自主学习能力的学生才能按时完成课程内容的学习。

二、基于慕课的体育教学策略

（一）改革教学方法

由于慕课的开放性很强，因此慕课教学有着较多的选择。借助慕课平台，教师可以很好地将慕课共享给世界各地的人，也可以从慕课平台上找到自己需要的视频。

慕课作为新型网络在线教学模式，引发体育教学方法的变革。慕课的教学方法对教学效果的影响非常大。为了保证教学效果，体育教师可以适当调整教学方法，以充分调动学生学习的积极性、主动性，使学生更快地内化教学知识。

（二）制作优质视频

虽然我国对慕课的质量没有具体规定，但是慕课的质量对教育质量有着直接的影响，因此制作优质的慕课视频是很有必要的。

政府相关部门、高校等应制定相应的慕课质量标准，从而提升慕课质量。教师是慕课资源开发与利用的重要参与者，其对慕课教学的效果有较大影响。因此，在进行慕课资源开发时重视教师的作用是十分必要的。

在具体的课堂实施中，教师可以将慕课与体育灵活结合起来，使慕课以一种新的、学生更能接受的形式参与到体育课堂中来，从而有效激发学生学习的积极性。慕课内容的载体是视频，因此体育教师除了具备扎实的专业知识，还要具备一定的信息技术能力，以呈现出优质的视频。

在制作慕课视频时，教师要充分考虑学生的需求，打造出可以满足不同学生需求的慕课。例如，有些学生具有较强的认知能力，他们适合使用一些难度较高的慕课视频；有些学生认知能力不那么强，需要使用一些难度较低的慕课视频。

第二节　基于微课的体育教学

一、微课概述

（一）微课的概念

微课，是指运用信息技术按照认知规律，呈现碎片化学习内容、过程及扩展素材的结构化数字资源。

微课的核心组成内容是课堂教学视频（课例片段），同时还包含与该教学主题相关的教学设计、素材课件、教学反思、练习测试及学生反馈、教师点评等，它们以一定的组织关系和呈现方式构成一个半结构化、主题式的资源单元应用小环境。微课有别于传统单一资源类型的教学课例、教学课件、教学设计、教学反思等教学资源，是在这些教学资源基础上发展起来的一种新型教学资源。

（二）微课的特点

微课主要有以下几个特点：

1.教学时间较短

教学视频是微课的核心组成内容。根据学生的认知特点和学习规律，微课的时长一般为5～8分钟左右，最长不宜超过10分钟。相对于传统的40或45分钟一节课的教学课例来说，微课可以被称为"课例片段"或"微课例"。

2.教学内容较少

微课主要是为了突出课堂教学中某个知识点的教学，或是反映课堂中某个教学环节、教学主题的教与学活动，相对于要完成众多教学内容的传统课堂，微课的内容更加精简，因此又被称为"微课堂"。

3.资源容量较小

从大小上来说，微课视频及配套辅助资源的总容量一般在几十兆左右，视频格式须是支持网络在线播放的流媒体格式，如rm、wmv、flv等。这样，师生可流畅地观看，也可灵活方便地将其下载保存到终端设备，如平板电脑、手机等，从而实现移动学习。

4.资源构成情景化

微课以教学视频片段为主线统整教学设计（包括教案或学案）、课堂教学时使用到的多媒体素材和课件、教师课后的教学反思、学生的反馈意见及学科专家的文字点评等相关教学资源，构成了一个主题鲜明、类型多样、结构紧凑的主题单元资源包，营造一个真实的微教学资源环境。这使得微课资源具有视频教学案例的特征。在这种真实、具体、典型案例化的教与学情景中，广大学生可以提高高阶思维能力和学业水平，广大教师可以实现教学观念、技能、风格的模仿、迁移和提升，从而迅速提高课堂教学水平。就学校教育而言，微课不仅是教师和学生的重要教学资源，而且是学校教育教学模式改革的基础。

5.主题突出、内容具体

一个微课课程就讲一个主题，或者说只讲一个事；研究的问题来源于教育教学实践中的具体问题，或是教学反思，或是难点突破，或是重点强调，或是学习策略、教学方法、教育教学观点等具体的、真实的问题。

6.成果简化、多样传播

因为微课的内容具体、主题突出，所以研究内容容易表达，研究成果简化；因为课程容量微小、用时简短，所以传播形式多样，如微博传播、微信传播等。

7.反馈及时

由于在较短的时间内集中开展"无生上课"活动，参加者能及时听到他人对自己教学行为的评价，获得反馈信息，所以较之常态的听课、评课活动，微课具有即时性。

二、在体育教学中运用微课的优势

在体育教学中运用微课的优势主要有以下几个：

（一）有助于学生复习技术要点

与传统课堂教学相比，微课的教学内容更加鲜明，且具有一定的目标性，这有助于教师做好课程设计、教学安排工作，还有助于增强教学效果，活跃课堂气氛，使课堂更具吸引力。在体育教学中运用微课时，体育教师应该了解学生的身体素质，从而有针对性地录制一些教学视频。这样，学生可以根据自己的优势、不足选择合适的视频观看，复习技术要点，以此提升体育水平和身体素质。

（二）有助于提高学生的积极性与自觉性

学生正处于求知心理旺盛的阶段，乐于尝试新事物。微课与传统课程区别很大，是一种新的教学方式，对学生来说具有较大吸引力。在体育教学中运用微课，可以将学生的注意力快速集中起来，提高学生学习的积极性和主动性。在微课体育教学中，学生的中心地位得到了凸显，学生在课堂上不再是消极地、被动地接受知识，而是积极地、主动地接受知识，教师只是适当发挥指导作用，引导学生整理知识信息，完善知识系统。

借助微课教育平台，学生可以自主选择学习资源，这有利于学生自主学习能力的提高。此外，学生自主学习能力的提高也可以使其更加自觉地学习，完成知识的内化。借助微课教育平台，学生可以完成对自己预习效果的自我测评，从而在课堂上更有针对性地学习。

此外，微课也是一个互动交流平台，可以使学生在学习的过程中随时沟通和交流，有助于学生提高学习的自觉性。

三、体育微课设计

在设计体育微课时，教师应注意以下几点：

（一）做好前期分析工作

1.学生特征分析

如今，许多学生在体育方面的自主学习时间不够，对体育课程的学习仅仅停留在体育课上，他们往往期待丰富多样的体育教学形式。鉴于学生注意力的有限性，教师要将微课的时间尽量保持在 10 分钟以内，以保证学生有时间、有兴趣进行微课的学习与反馈。

2.教学内容分析

教师应根据学生的具体情况、学校的教学安排等选择合适的教学内容。

3.教学目标分析

教学目标是关于教学将使学生发生何种变化的明确表述，是指在教学活动中教师所期待得到的学生的学习结果。在教学过程中，教学目标起着十分重要的作用。体育教师在设计微课前，应对教学目标进行分析。

（二）确定选题

在针对体育课程制作微课时，只有将研究重点放在对运动技能的教学上，才能进一步验证微课在体育教学上的应用效果。教师在确定选题时要注意抓住教学重难点，最好是将单个知识点拿出来讲明白、讲透彻，这样才能体现出微课的优势。

微课并不仅仅是一节短短几分钟的网络微课程，它是一整套逻辑严密、循序渐进、相辅相成的信息化教学体系。例如，对于"篮球"一课，教师可设计6节完整的动作教学微课，分别为"篮球运动的发展""球感练习""运球动作与练习方法介绍""传球动作与练习方法介绍""单手肩上投篮技术动作教学""防守动作与练习方法的介绍"。

（三）微课的课件设计

为了让学生建立基本的动作表象，形成正确的动作动力定型，在进行微课课件设计时，体育教师应针对教学内容、现有技术条件，选取和制作相关素材，并通过资料明确相关技术动作规范，收集完整动作示范视频、慢动作示范视频、分解动作的定型图片及相关知识、教学重难点的讲解视频等资源。然后，体育教师可利用相关软件将资源进行合理整合，利用相关视频软件加上解说配音的方式将微课课件制作完成。

此外，在微课学习完成后，体育教师应根据学生的调查问卷结果和测试题的反馈等评价学生的学习效果，或通过访谈及时了解学生的学习情况，以便及时发现问题，进而有针对性地解决问题。

第三节　基于翻转课堂的体育教学

一、翻转课堂概述

（一）翻转课堂的概念

翻转课堂，也可译为"颠倒课堂"，是指重新调整课堂内外的时间，将学习的决定权从教师转移给学生。在翻转课堂上，学生能够充分利用课堂内的宝贵时间，专注于项目学习，共同研究解决问题，从而获得更深层次的理解。教师不再占用课堂的时间来讲授知识，这些知识需要学生在课前自主学习。这样，教师能有更多的时间与每个学生交流。在课后，学生自主规划学习内容、学习节奏等；教师则采用协作法等来满足学生的需要，促成他们的个性化学习，引导学生通过实践获得更真实的体验。翻转课堂让学生的参与度更高。在互联网时代，学生可以通过互联网学习丰富的在线课程，不一定非要到学校听教师讲授。互联网尤其是移动互联网催生了翻转课堂。翻转课堂是对传统课堂教学结构与教学流程的颠覆，由此将引发教师角色、课程模式、管理模式等发生一系列变革。

（二）翻转课堂的特点

翻转课堂主要具有以下几个特点：

1.教学视频短小精悍

翻转课堂教学视频的一个重要特点就是短小精悍,大多数的视频都只有几分钟的时间,比较长的视频也只有十几分钟。每一个视频都针对一个特定的问题,有较强的针对性,查找起来也比较方便。视频的长度控制在学生注意力能比较集中的时间范围内,符合学生的身心发展特征。教学视频一般通过网络发布,具有暂停、回放等多种功能,有利于学生的自主学习。

2.教学信息清晰、明确

教学信息清晰、明确是翻转课堂教学视频与传统教学录像的不同之处。传统教学录像中出现的教师头像、教室里的各种物品摆设等,往往会分散学生的注意力,特别是在学生自主学习的情况下。而翻转课堂教学视频的教学信息清晰、明确,较少存在外界干扰。

3.重新构建学习流程

通常,学生的学习过程由两个阶段组成:第一阶段是信息传递,是通过教师和学生、学生和学生之间的互动来实现的;第二阶段是吸收内化,是在课后由学生自己来完成的。由于缺少教师的支持和同伴的帮助,吸收内化阶段常常会让部分学生感到挫败,使其丧失学习的动机和成就感。翻转课堂对学生的学习过程进行了重构。信息传递是学生在课前进行的,教师不仅提供了视频,还可以提供在线辅导;吸收内化是在课堂上通过互动来完成的,教师能够提前了解学生的学习困难,在课堂上给予有效的辅导。此外,学生之间的相互交流也促进了学生对知识的吸收内化。

4.复习检测方便快捷

教师可在翻转课堂视频后面紧接着设置四到五个小问题,帮助学生及时进行检测,并对自己的学习情况作出判断。如果发现有几个问题回答得不好,则让学生回过头来再看一遍,仔细思考哪些方面出了问题。学生对问题的回答情况,能够帮助教师了解学生的学习状况。学生还可以在一段时间学习之后利用翻转课堂教学视频进行复习和巩固。评价技术的跟进,使得学生学习的相关环节能够得到实证性的资料，有利于教师真正了解学生。

二、在体育教学中实施翻转课堂的策略

在体育教学中实施翻转课堂的策略主要有以下几点：

（一）重视安全防范

体育教学是一种特殊的教学项目，它有着其他教学项目不具备的特点：融合体力与智力；需要运动者的身体参与；不同的运动者承载的运动负荷存在差异；等等。无论是哪一种体育项目，都存在着风险。注重安全防范，是降低或避免体育教学中运动风险的关键。因此，在体育教学中实施翻转课堂时，教师应重视安全防范。

与传统体育教学相比，体育翻转课堂教学注重学生的课前学习。学生通常会在课前对教师事先制作的教学视频进行观看和学习，在这一过程中，学生可以了解体育项目中的各种动作，并根据视频中的规范动作进行模仿练习，这样能够为课堂教学做好充分准备。这种课前观看教学视频的过程，是学生自主学习的过程。在这一过程中，教师并不参与，学生在模仿和训练动作时由于缺乏教师的监督和指导，容易出现运动损伤。

针对这种情况，体育教师应该根据课前教学视频的内容做好安全防范工作。具体而言，教师首先应该提高安全防范意识，明确哪种体育内容存在运动损伤风险，并在教学视频中特别说明；同时，教师应该注重学生安全运动损伤风险的识别，提高学生的安全防范意识；此外，教师还应该充分利用翻转课堂平台，在教学视频或在师生互相交流的过程中对运动损伤风险进行分类，并给出相应的预防措施。

（二）避免异化

翻转课堂教学是对传统教学的改革和创新，在教学理念、教学目标、教学方式、教学结构、教学策略等方面都与传统教学存在较大差异。

体育教师应该意识到翻转课堂在体育教学中的重要性，深入理解翻转课堂的相关理论知识，以及翻转课堂在体育教学中实施的具体条件、策略、注意事项等。体育教师应根据学生的实际学习情况和身心特点，结合教学的具体目标和体育学科的特点等，科学地将翻转课堂运用到体育教学实践中，从而真正提高体育教学的效果，避免翻转课堂产生异化现象。

（三）提升教师自身的能力和素养

众所周知，教师是教育教学的重要保障。翻转课堂实施过程也离不开教师的参与。可以说，在翻转课堂教学中，教师扮演着不可替代的角色。例如，课前教学视频的制作、在线体育教学平台的构建、课堂教学氛围的营造及教学组织和管理、课后教学评价等都需要体育教师的积极参与。翻转课堂对体育教师提出了较高的要求。

要想在体育教学中有效实施翻转课堂，体育教师应积极提高自身的综合能力，如计算机操作能力、信息资源整合能力、教学组织能力、教学互动能力、教学评价能力等。

由于体育翻转课堂涉及的内容范围比较广泛，涉及的工作也比较复杂，再加上每位教师的时间、精力有限，学校除了注重提高体育教师的综合能力，还应注重翻转课堂教学团队的建设。

建设高质量的翻转课堂教学团队，是翻转课堂实施的重要保障，有利于缓解体育教师的压力，培养体育教师的合作精神，从而能够在很大程度上提高体育教学的质量，促进体育教学目标的实现。

（四）改善学校信息化教学环境

随着网络技术、多媒体技术等的发展，教育信息化已成为教育改革的必然趋势。学校在教育教学现代化建设中，应十分注重教育信息化。充分利用信息技术，将教育信息化与教育教学现代化有效融合，是教育界研究的重要方向。而翻转课堂是信息技术发展的产物，它充分利用信息技术与教育技术，实现了多种资源的共享。

翻转课堂注重多媒体技术等的运用，其有效实施离不开信息化教学环境的支持，因此要想有效实施翻转课堂教学，就应该不断完善信息化教学环境。在当今信息化时代，信息化教学日益受到重视，作为影响信息化教学的重要因素，信息化教学环境也日益受到重视。学校要不断完善信息化教学环境，保证翻转课堂在体育教学中的顺利实施。

第四节　手机 APP 在体育教学中的运用

手机 APP 是 21 世纪的新型产物。如今，越来越多的学生使用手机，手机 APP 在教学中将扮演越来越重要的角色。在互联网这个大环境下，学校体育教学改革结合互联网、手机 APP 等进行是有必要的。借助互联网、手机 APP 等，体育教师可以提高教学效率，丰富教学方法，提高学生学习体育的积极性、主动性，培养学生自主学习、锻炼的意识，从而改变传统体育教学模式、方法等，让学生在体育课中得到健康和快乐。

一、手机 APP 与体育类 APP 的概念

（一）手机 APP 的概念

手机 APP，现在多指智能手机上的应用程序，也常常被称为移动客户端。手机 APP 种类丰富，能满足个人购物、旅行、导航、沟通等需求。目前，食品、医疗、旅游、环保、教育等行业都开发了一些手机 APP，教育类手机 APP 主要有学堂型、题库型、词典型和工具型四大类。我国优秀的教育类 APP 有网易公开课、作业帮、有道、百度文库等。

（二）体育类 APP 的概念

体育类 APP 是指拥有记录使用者运动健身时的数据、指导各类运动项目的学习和锻炼、引领健康生活方式等功能的智能手机或可穿戴设备第三方应用程序，又被称为手机体育移动客户端。

随着科技的进步和移动互联网的不断发展，智能手机、平板电脑等电子产品引起了学生的关注，已成为许多学生的必备产品。学生是具有发展潜力的消费群体，也是社会主义建设者和接班人，必须拥有积极的心态和强健的体魄。如今，许多学生使用体育类 APP 进行体育锻炼，通过体育类 APP 以图片、文字和视频等形式分享他们的锻炼经历和感受。借助手机 APP 开展体育教学，对全面推进和加快我国素质教育的发展、促进学生的健康、提高学生体质、培养学生体育锻炼习惯都具有重要意义。

二、体育教学中手机 APP 的应用

将手机 APP 应用于体育教学有助于学生的个性化发展，也有助于增强其

学习体育的主动性、积极性，同时缓解其学习体育的压力。手机 APP 给学生体育生活、体育锻炼带来了极大的便利，有助于更好地满足学生体育锻炼的需求，最终促使其形成良好的体育锻炼习惯。

在体育教学中，最常用的手机 APP 就是体育类 APP，体育类 APP 的便捷性和即时性对学生参与体育锻炼有一定的促进作用。教师应引导学生科学合理地使用体育类 APP，以激发学生的运动兴趣，提高学生体育锻炼的科学性，促进学生体育习惯的养成。

在一般情况下，体育教学过程包括课前、课中和课后三个阶段。将不同类型的手机 APP 应用于体育教学的不同阶段，有助于提高学生学习体育的兴趣，提升课程教学质量。

下面，笔者主要介绍体育教学中几种常见手机 APP 的应用：

（一）学习平台类手机 APP 的应用

学习平台类手机 APP 以资源库为基础，要求教师提前上传课程相关视频、文档、图片等内容后方可开展教学。

以学习通 APP 为例，体育教师在使用此 APP 时，须先登录，然后创建一个教学项目的课程，此课程可以是一个教学单元，也可以是整个课程。在课程创建后，教师需要将自己所制作的教学 PPT、作业等相关内容传上去，以邀请码的形式发送给学生，学生在登录 APP 后，通过邀请码就可以进入课程进行学习。

体育教师可以通过此 APP 开展翻转课堂教学，利用学习通平台资源、自制资源等在课前与学生一起录制体育实践视频，提高学生对视频的兴趣。教师可发布学习内容，并布置学习任务，让学生观看发布的视频并进行小组讨论。学生若有问题，则可拍制视频并上传。教师通过学习通统计页面查看学生的任务完成情况，进行问题汇总，调整授课内容并修改课堂教学设计。教师需要通过多种教学方法激发学生课堂学习的积极性与创造性。此外，教师需要注意学生的不同层次，并根据需要进行个性化的辅导。针对学有余力的学生，教师可进行专题拓展与资料推荐，让学生继续深入学习；针对学习困难的学生，教师要与学生一起寻找学习效果不佳的原因，并制定有针对性的策略，让学生进行巩固复习。课后，教师需要针对学生在课堂内学习的共性问题进行总结，将重难点内容上传至学习通的平台，方便学生后续巩固学习。学生也可利用教师提供的内容，对自己的上课效果进行自我评估、查漏补缺，拓展课堂所学知识。

（二）运动监测类手机 APP 的应用

运动监测类手机 APP 是以记录个人日常运动数据为主的，针对徒步、跑步等项目的 APP。许多教师可以将此类 APP 作为一种教学辅助手段，或用其对学生在校期间的体质进行监测。

以运动世界校园 APP 为例，该 APP 是一款综合运动平台，被许多学生所喜爱。学生在进入 APP 后可选择相关任课教师进入相应班级，随后点击"开始跑步"，选择每次跑步的公里数。这时，系统将随机分配跑步路线并生成若干个感应点位。学生沿跑步路线及点位跑步，跑完所选择公里数才可上传成绩。教师可以通过此 APP 查看学生的运动情况、身体素质情况等。

（三）广播影视类手机 APP 的应用

在体育教学中，广播影视类手机 APP 的运用以各类赛事的直播、集锦回放等为主。以腾讯体育为例，人们打开该 APP 就可以看到篮球、足球、网球等多项目的近期赛事。教师可以在课前运用此类 APP，让学生观看实况比赛，以激发学生学习该课程的兴趣。教师也可以在课堂上运用该 APP，让学生通过观看比赛，分析技术动作、战术配合、比赛规则等。

随着我国互联网和手机等电子产品的快速发展，学生在享受数字信息带来便利和愉悦体验的同时，也面临着"沉迷游戏""行为失范""价值观混乱"

等日益严峻的问题。在体育教学中，手机 APP 的应用有正面影响，也有负面影响。因此，家长、教师、学校等应采取有效措施，引导学生正确使用手机 APP。家长要安排好学生放学后和节假日生活，真正承担起对学生的监管职责，提高自身网络素养，掌握沉迷网络早期识别和干预的知识，引导学生合理使用手机 APP，及时发现、制止和矫正学生的不当行为。体育教师也要重点关注学生的手机 APP 使用情况。教师应将学生置于学校关爱体系的中心，切实提高其心理健康水平，重点降低其厌学情绪，提高其安全感，切忌以"为你好"的名义实施"禁止"和"规训"式关爱，切忌给学生公开"贴标签"，或者进行"表演化训导"。学校要实施细化的校园管理措施，完善校园内通信类基础设施设备服务功能。此外，学生也必须掌握足够的网络鉴别能力、信息素养和自我管理能力，树立积极健康的网络观，形成科学合理的绿色上网习惯，这样才能在体育学习中合理使用手机 APP。

第五章　体育训练概述

第一节　体育训练的内涵、内容与理念

　　体育训练的科学、合理进行，是建立在体育训练相关理论基础之上的。只有对体育训练的内涵、内容、理念等相关知识有一定的了解，才能更好地进行体育训练。此外，随着教育改革的推进与深化，学校体育训练也在不断发展。

一、体育训练的内涵

　　体育训练是指体育教师和学生在其他人员的协助下，以提升学生的体育能力与专业体育素养为目的开展的训练。

　　关于体育训练的含义，不同学者有不同的理解。

　　有学者认为，体育训练通俗来说就是一种体育教育。教育以为社会培养人才为目的。体育训练是体育教育的一种，自然也有这个目的，但也有其本身的特点。相较于传统意义上的教育，体育训练的差别就在"体育"两个字上，它并不是指多方面的教育，而是有其侧重点。这就要求体育教师不能以一种普通的观念看待体育训练，而是要按照专家总结出的有科学依据的训练方法对学生进行训练。

　　也有学者认为，体育训练是一种有目的的活动，它的出现是为了提升学生

的竞技能力，帮助其在比赛中获得好的成绩。因此，体育训练不是简单的游戏，而是具有极强目的性的训练活动。体育训练的目的性极为明显，注重提升学生的能力，使其在比赛中不断取得优异的成绩。因此，教师应利用各种方法来激发学生的能力，使其得到提高。

体育训练应该在体育教师与学生双方积极参与下实现。从人的因素来分析，体育教师和学生是体育训练最直接的参与者和组织者。体育训练以学生为主体，体育教师则为直接组织者、实施者和指导者。体育训练的具体成效是通过学生在比赛中的成绩来体现的。所以体育训练既要发挥学生的主体作用，又要发挥体育教师的主导作用；既要有学生的主观努力，又要有体育教师的科学指导。只有体育教师和学生协调配合、共同努力，才能够达到最佳的体育训练效果。

二、体育训练的内容

体育训练的内容主要有身体训练、技术训练、战术训练、智力训练、意志品质教育、心理训练等。

（一）身体训练

身体训练是学生在教师的指导下，采取各种科学的训练手段对身体进行训练。

身体训练的主要目的有四个：一是全面增进学生的身体健康；二是增强学生身体各部位的功能；三是改善学生的体型，锻炼学生的肌肉，使其适应专项运动项目；四是全面提高学生的身体素质。

各项运动技术的结构不同，对学生的身体素质也有不同的要求，如：中长跑对耐力要求较高；短跑对速度和耐力要求较高；篮球、排球运动对弹跳和灵敏度等要求较高；跳高对腿部力量和弹跳力要求较高；等等。如果一个人没有这些专项素质，那么他是不可能掌握专项技术、提高专项运动成绩的。因此，教师必须深入研究专项运动的特点及其所需要的专项素质，并针对学生的需要选用适当的专项身体训练手段，以保证学生专项素质水平的提高。

提高身体素质是身体训练的重要内容，学生的身体素质主要包括力量素质、耐力素质、速度素质、灵敏素质、柔韧素质。在大量统计数据的基础上，人们发现在不同年龄阶段，学生身体素质的发展速度和对外界影响的反应各不相同，由此形成了不同的发展敏感期，如速度素质发展敏感期为 10～13 岁，耐力素质发展敏感期为 10～16 岁，力量素质发展敏感期为 13～17 岁等。在这些时期，如果训练安排、场地、设备等外界条件和遗传因素等内因条件配合得好，就能促进学生某一身体素质的发展。这就要求体育教师抓住黄金时期，采取各种措施促进学生身体素质的提高。

1.力量素质

力量素质是指完成动作时身体某部分克服阻力的能力。学生可以通过克服外部阻力的练习和克服本身体重的练习发展力量素质。

在进行力量训练的过程中需要注意的是：不要单纯练力量，还要练习全身的协调性，要使全身肌肉在同一时间被快速拉长，然后快速收缩；不要过分追求次数，而是要追求速率，也就是速度要快。

当采用双人、多人负重对抗练习的方法时，人们常用的运动器材有哑铃、轻重量杠铃等。在实际训练中，快速拉皮筋也是行之有效的好方法，对形成良好的肌肉群有不错的效果。

在力量训练中，反应力量和腰腹肌力量的训练很重要。

反应力量的训练方法如下：①在肌肉被拉长的情况下，抬起双腿，使其与地面保持平行，快速抖动；②屈腿，快速下放大腿，抖动大腿；③两腿直立，尾根部定住，上体前后快速摆动。以上几种方法，对训练学生的反应力量有不错的效果，教师应让学生多加练习。此外，教师还要时刻注意，防止学生把肌肉"练死"。

腰腹肌力量的训练方法如下：①将两把椅子放在适当的位置，把学生平放在上面，然后让另一个学生坐在他的肚子上；②让学生在两把椅子上做俯卧撑，隔三十秒就用手掌按压他一次，也可以在其后背上放杠铃片；③让学生趴在跳箱上，双手抱头，上体左右快摆。

在力量训练中，人们往往重视动力性力量训练而忽视静力性力量训练，这是不对的。在力量训练中，学生必须加大静力性力量训练，以达到事半功倍的效果。在这方面，悬空静止俯卧撑、原地蹲马步是重要的训练方法，应受到师生的重视。

2.耐力素质

耐力素质指学生在长时间运动项目中克服自身疲劳的能力。它是身体健康与否的一个重要标志，是身体素质的重要基础，会影响学生其他素质的发展和学生运动成绩的提高。教师在让学生进行耐力训练时，要注意时间不能太长，次数不宜过多，要严格控制运动量和运动强度，在练习过程中安排合理的休息时间，以提高训练效率，保证学生的安全。耐力训练要以有氧耐力训练为主，以无氧耐力训练为辅，如5～20分钟的间歇跑、各种球类练习等都是较好的训练方式。如果让学生长时间进行一般的和专项的技术动作练习，则教师最好选择空气新鲜、氧气充足的场所，并且教会学生正确的呼吸方法。

3.速度素质

速度素质是指学生利用身体进行快速运动的能力。它包括两个重要因素，即动作频率和反应速度。在速度训练中，各种快速跑的专项辅助练习、快速反应练习，以及有利于快速跑的球类练习等都是较好的方法。要发展低年级学生的速度素质，教师可以让他们多进行跳跃、投掷、多级跳、快速起蹲等练习。发展高年级学生速度素质的方法有以下几种：加长快速跑的距离，增加快速练习的次数；适当练习中长跑，安排一些增强肌肉的练习，如腰部练习、腿部练习等；安排锻炼小肌肉群的专项练习，如腕部练习、肘部练习等，以提高快速移动的能力，预防疲劳，防止造成损伤。由于年龄较小的学生心肺机能较弱，不宜进行长时间或长距离的练习，所以在进行速度训练时，教师要适当控制运动量和运动强度，采用灵活多样的训练手段。

4.灵敏素质

灵敏素质是指人体在各种复杂的条件下，快速、协调、准确、灵活地完成动作的能力。在一般情况下，青春期前，女生的灵敏素质比男生稍好一些，但是到了青春期以后，男生的灵敏素质会好于女生。教师在训练中把握好这一规律，可以取得事半功倍的效果。

教师可让学生学习各种运动技巧、参与活动性游戏等，从而发展学生的灵敏素质。应该注意的是，在学生大脑皮质高度兴奋时，其注意力高度集中，是发展学生灵敏素质的好时机，但是训练时间不能太长，需要交替进行不同性质的练习。如果学生大脑皮质疲劳，训练效果就会受到严重影响。

5.柔韧素质

柔韧素质是指人体各个关节的活动幅度、肌肉和韧带的伸展能力。发展柔韧素质常用的方法是反复做伸展性、牵拉性动作。发展学生的柔韧素质宜早不宜迟，从 4 岁起，学生就能进行相关练习。在 6～13 岁时，学生的各个关节特别灵活，这一时期是发展柔韧素质的最佳时期。在这个时期，由于髋关节周围的肌肉组织增大，限制了腿向两侧的活动，所以要加强髋部柔韧性的训练。当学生身高、体重迅速增长，出现青春期特征时，柔韧性快速下降。所以在这一时期，柔韧性训练非常重要，教师应该适当降低训练强度，将柔韧性训练与力量训练相结合，使学生得到全面训练，保证学生的身体得到全面发展。此外，教师还应使学生避免大幅度的脊柱反向弯曲，减少大幅度扭转动作的练习，以免造成脊柱、髋关节等的损伤。学生到 16 岁以后，身体接近成熟，柔韧素质的发展会受到身体的限制，但教师不能因此放弃柔韧性训练，而是应该加大柔韧性训练的比例，消除它的负面影响。柔韧性训练以活动的方式为主，以静止的、被动的练习为辅。教师应让学生保持适当的练习次数，加大练习频率，结合力量训练，使学生各个关节、韧带和相关联的肌肉全部得到锻炼，整体提高学生身体的柔韧性。

各种身体素质的发展密切相关，教师应注意把握身体素质的发展规律，根据学生的年龄、性别等，有计划地引导学生全面发展各种身体素质。此外，教师要把握好一般身体训练和专项身体训练的关系，如田径项目的身体训练比重一般比球类项目大，准备期的身体训练比重一般比竞赛期大。由于身体训练较为枯燥、单调，运动负荷较大，训练比较艰苦，学生在训练中容易降低对自身的要求，忽视训练质量，所以教师必须对学生进行经常性教育，严格把控训练质量，保证身体训练的效果。

（二）技术训练

学生若想提高运动成绩，除了要努力提高身体素质，还要熟练掌握运动技术（这是十分重要的条件）。身体素质和运动技术相辅相成，缺一不可，都是提高运动成绩的关键因素。对于那些技术难度高的项目而言，运动技术更为关键，如果运动技术掌握不好，学生就很难取得优异的成绩。同时，技术是战术的基础，离开了熟练的技术，学生也无法灵活地运用战术。技术训练的主要目的有两个：一是让学生学习、掌握专项运动技术；二是提高学生运用技术的能力，这在体育训练中至关重要，不能忽视。任何项目、任何水平的学生都必须重视技术训练，不断学习新技术，逐步提高自己的技术水平，这样才能取得优异的成绩。

对于技术训练，有学者认为，要尊重学生的自然动作，不要刻意破坏他们的自然动作；要保护他们纯天然的东西，保持他们的特点，不能轻易改变他们；要抓住学生的特点，发扬其特点，没有特点、没有特长的学生可能会没有能力，所以要尊重学生的自然性。运动技术有其内在的特点，如放松、协调、舒展、快速等，这些特点与学生的自然动作固有的特性是相符的。教师尊重学生的自然性，将会有意外的收获。

（三）战术训练

战术是根据比赛双方的情况，正确分配力量，充分发挥本方身体和技术特长，限制对方特长，争取比赛胜利的方法。战术是在一定的身体训练和技术水平的基础上，根据比赛需要形成的。战术的发展对学生的身体和技术不断提出新的要求，在一定程度上影响着技术的运用。例如，在球类运动中，当双方处于僵持状态时，哪一方的战术运用得当，其往往会在比赛中占据主动地位，所以战术运用得当往往是取胜的关键。在一定情况下，如果战术运用得好，还有可能以弱胜强，反败为胜。战术对一些非对抗性项目也有一定的作用。常用的战术有中长跑的体力分配、保卫重点比赛选手、打乱对手节奏等战术，接力比赛中的次序分配，跳高中的免跳战术等。

教师应加强基本战术训练，让学生从基础学习，等学生有了一定的基础以后，再让他们学习比较复杂的战术。根据临场比赛的要求，战术训练应在模拟比赛中进行，教师可以创设比赛场景，并使其尽量接近真实的比赛；可以人为增加比赛难度，以少攻多或以少防多，预设比赛中可能出现的不利情况，增加训练强度；还可以选择条件较差的场地进行训练，或者在下雨刮风的条件下进行训练，以提高学生的实战能力，培养学生不怕困难的精神。

总之，战术训练应建立在身体训练、技术训练的基础上，教师可从学生的身体和技术特点出发，结合身体训练和技术训练进行，这样战术训练才能更切合实际，更富有成效。

（四）智力训练

智力训练是指有目的、有计划地安排学生学习文化和体育知识，发展学生的智力。学生智力发展得越好，其观察能力、思维能力和分析判断能力等就越强。进行智力训练，既有助于学生迅速、正确地掌握运动技术和战术，也有助于提高学生的训练质量。重视学生的智力训练，提高他们的文化水平和智力发展水平，才能使他们逐步深入地了解训练的规律，更快、更好地领会教师的意图，自觉进行训练，主动配合教师控制训练过程，不断改善训练效果。学生要想提高运动成绩，不仅要有强健的体魄，更要有深厚的文化底蕴，要注重学习文化知识、体育知识、运动理论以及技术、战术知识，培养自身的观察能力、接收信息的能力、思维能力、想象能力和综合分析判断能力等。智力因素对学生运动成绩的提高至关重要，教师必须重视智力训练。

（五）意志品质教育

意志品质教育是体育训练的一项重要内容。加强意志品质教育，能使学生明确训练目的，端正参加训练的态度，积极主动、刻苦顽强地进行训练，从而改善训练效果，保证训练任务顺利完成。意志品质教育包含的内容很多，如鼓励学生勤学苦练、克服困难，培养他们勇敢、顽强、坚毅的意志品质和拼搏精神，对学生进行体育道德教育，培养他们赛出风格、赛出水平的优良作风。身教重于言教，这个道理从大量事实中可以得到验证，教师应该发挥模范带头作用，以自身的行为影响学生。

（六）心理训练

心理因素在竞技运动中占据十分重要的地位，它有时会决定比赛的胜败，所以心理训练是体育训练的重要内容之一。遇到挫折时的心理暗示，有时候可以决定事情的成败。例如，在跑步比赛中，学生在抽到最外侧的跑道时，可以暗示自己虽然在最外侧，但是便于观察对手的情况；学生在抽到最内侧的跑道时，可以暗示自己占据了优势位置。当在比赛中感到紧张时，学生应告诉自己沉住气，保持冷静，集中精力。当对手暂时领先时，学生可以告诉自己不要着急，发挥出自己的真实水平。当别人打破纪录时，学生可以暗示自己一定能创造个人最好成绩。这些赛场上的心理暗示对运动成绩有很大的影响，因此教师要注重平时的心理训练，教给学生一些在比赛中减轻心理压力的技巧和方法，从而帮助学生取得比赛的胜利。

三、体育训练的理念

（一）教育性训练理念

教育性训练理念的内涵是：在体育训练过程中，重视对学生的文化教育，并注意强调这一方面的重要性，使训练与教育相结合、相协调、相促进，最终达到训练和教育紧密融合在一起的目的。树立教育性训练理念对提高体育训练效果具有积极的作用。

教师的知识水平决定着他的执教能力及训练操作能力。学生文化素质的高低影响其对体育训练的理解，从而直接影响到体育训练的质量和效果。因此，在体育训练过程中应充分重视对学生的文化教育，强调训练与教育相融合。加强学生的文化教育，是保证学生健康成长的重要基础。总之，在体育训练中，教师一方面要通过训练使他们成为优秀的运动人才，另一方面还要通过文化教育使他们健康成人。

（二）人文操作性训练理念

在体育训练中，人文操作性训练理念的内涵主要体现在以下四个方面：①强调对学生的尊严与独立的重视；②对学生思想与道德的关注；③对学生权利的关注；④对学生生存状况与前途命运的关注。

为了取得理想的训练效果，体育训练不仅要符合科学规律，而且要在追求目标与实现目标的过程中符合人的价值规律；不仅要体现人文特征，而且要将科学性与人文特征相结合、相统一，从而达到真与善的统一。

第二节 体育训练的目的与原则

一、体育训练的目的

体育训练的目的主要是指体育训练所要达到的总目标或要争取达到的最终结果。体育训练的目的主要受个人发展、社会发展的需要以及体育训练的功能等的影响。

体育训练的目的具体包括以下几点：提高学生各器官系统的机能，发展学生的运动素质；使学生掌握和提高专项运动的技术和战术，以及有关的理论知识；培养学生独立进行训练的能力；等等。

要想科学地指导学生进行体育训练，教师就应明确体育训练的目的，具备较高的科学文化水平和组织教学、训练的能力，精通各个运动项目的科学技术，扎实地掌握有关学科的基础理论。

二、体育训练的原则

体育训练的原则是学生参加体育训练需要遵循的准则。这些原则是在长期的体育训练实践中积累起来的具有普遍意义的概念总结和相关科学研究的成果，反映了体育训练的客观规律。在体育训练中，学生如果不遵循这些原则，盲目进行训练，不仅不能促进身心的全面发展，不能获得良好的训练效果，反而会损害自身的健康。

体育训练的原则主要有以下几点：

（一）竞技需要原则

在体育训练中遵循竞技需要原则，就是教师根据提高学生竞技能力、运动成绩等的需要，从实战出发，科学地划分训练阶段，安排训练的内容、方法和负荷等。

贯彻这一原则可使体育训练更好地满足专项竞技比赛的需要，提高体育训练的针对性、实战性和实效性等，帮助学生取得满意的竞技比赛成绩。

在体育训练中贯彻竞技需要原则时，教师要注意以下几点：

第一，围绕体育训练的基本目标，全面安排好训练和比赛。

第二，正确分析专项竞技能力的结构特点。不同运动项目的差异性决定了其竞技能力构成因素的差异性。教师对不同专项竞技特点和学生竞技能力结构特点的分析，是确定训练内容的重要基础。

第三，训练内容和方法的选择由不同专项竞技能力的主要构成因素与学生自身的具体情况决定。

第四，训练内容的结构要合理。在体育训练过程中，教师应将主要精力放在有效提高学生的体能水平上，以使学生获得更大的力量、更快的速度和更强的耐力，实现竞技水平的不断提高。同时，教师还要根据学生自身竞技能力的特点和对手的特点，合理安排心理训练的内容和方法。

（二）动机激励原则

在体育训练中遵循动机激励原则，就是教师在引导学生进行体育训练的过程中，要激励学生形成良好的体育训练动机，积极主动地完成训练任务。在体育训练中，教师要通过各种合理的途径激励学生主动进行训练，不断提高学生参与体育训练的积极性和主动性，培养其自我调控能力、独立思考能力、创造能力等。

在体育训练中贯彻动机激励原则时，教师要注意以下几点：

第一，满足学生的基本生活需求。实践证明，人们只有在基本的物质需求得到保障之后，才会有更高层次的追求。所以，在体育训练中，教师要满足学生的基本生活需求，同时还要注意其人身安全等。只有这样，教师才能更好地引导学生形成实现自我价值的更高层次的目标和追求，从而使学生产生良好的体育训练动机。

第二，培养学生正确的价值观，使其有目的地进行体育训练，使其逐步形成自觉进行体育训练的态度和动机，引导其从不同的角度和层面认识体育训练的意义和价值。

第三，以学生为主体。这就要求教师在引导学生进行体育训练时，明确学生的主体地位，有意识地培养学生独立思考的能力，引导学生提高自我反馈的能力，培养学生自我分析能力、自我评价能力等。

第四，选择科学的训练方式。对于过去那种简单、粗暴的"从严"训练方式，教师要有正确的认识，根据训练具体情况进行调整。

（三）适宜负荷原则

在体育训练中遵循适宜负荷原则，就是教师要根据训练任务、训练要求和学生的水平等，科学合理地在各个环节中加大体育训练负荷，直至达到最大负荷要求。

在球类体育训练中，加大体育训练负荷，要从训练任务、学生的身体状况和水平等出发，充分考虑体育训练负荷的合理性。在体育训练过程中，不仅不同阶段及每一节训练课的任务有所不同，而且学生承受体育训练负荷的能力也有所不同，这主要反映在学生对负荷强度和负荷量的承受能力上。因此，教师在安排体育训练负荷时，要充分考虑学生的能力。在体育训练的过程中，要想加大体育训练负荷，教师必须循序渐进，处理好负荷量和负荷强度的关系，掌握好负荷与恢复的关系。此外，需要注意的是，体育训练负荷的增加必须达到极限。因为只有极限负荷才能将学生的潜力充分激发出来，并且学生只有经过不断训练形成超量恢复，提高身体素质和运动水平，才能够满足参加激烈比赛、创造优异运动成绩的要求。

（四）周期安排原则

在体育训练中遵循周期安排原则，就是教师周期性地组织体育训练，根据学生的生物节奏变化规律、竞技状态形成与发展的周期性规律以及运动竞赛安排的周期性特点，按一定的动态节奏，安排训练内容，逐步提高学生的负荷量。

在体育训练中贯彻周期安排原则时，教师要注意以下几点：

第一，掌握各种周期的序列结构。教师要了解各种周期的时间构成及其应用范畴。

第二，选择适宜的周期类型。在体育训练中，教师经常需要确定训练周期，如年度训练的安排是采用单周期、双周期还是多周期，第一周期的训练应该是加量周期、加强度周期还是赛前训练周期等。教师要根据实际情况选择适宜的周期类型。

第三，处理好影响训练周期的固定因素与变异因素的关系。确定训练周期的依据是人体竞技能力的变化和适宜比赛条件出现的周期性特征，其中后者是影响训练周期的固定因素，前者是变异因素。因为重要比赛日程的安排通常与某个项目适宜比赛条件的出现是一致的，而且通常在比赛前一段时间已经确定，所以适宜比赛的条件是影响训练周期的固定因素。尽管人体本身受生物节律的影响，但它并非绝对不变，人们完全可以通过训练安排，在特定时间内表现出最佳的竞技状态。竞技状态的发展过程是可以由人来控制的，教师应努力调节这一变异因素，使之与特定的比赛日程安排相吻合。

第四，注意周期之间的衔接。把一个完整的训练过程划分成若干个较小的周期之后，人们往往会忽视各周期之间的衔接，主要表现是注重训练过程的阶段性而忽略连续性。在整个训练过程中，不同时间跨度的周期组成一个连续发展的过程，因此在具体的训练过程中教师应特别注意周期之间的衔接。

（五）区别对待原则

在体育训练中遵循区别对待原则，就是教师要根据学生各方面的条件、训练条件和训练目标等，有区别地确定训练任务，对训练方法、内容和负荷等作相应的安排。

不同学生在身体条件、心理品质和个性特征等方面往往有明显差异，因此教师在体育训练中要贯彻区别对待原则。贯彻区别对待原则有利于挖掘学生的潜力，防止出现训练中个别学生脱离整体的现象。只有贯彻区别对待原则，有的放矢地进行训练，才能取得良好的训练效果。

在体育训练中贯彻区别对待原则时，教师要注意以下几点：

第一，根据学生的不同特点，合理安排训练。

第二，在整个体育训练过程中，根据个人和全队的要求，为项目分工不同的学生制订专门的训练计划，以满足实际需要。

第三，区别对待原则要贯穿体育训练的全过程，包括每次训练课和每次早操，除了共同要求，还要针对学生的不同情况提出具体的个别要求，并采取相应的措施，帮助学生完成训练任务。

（六）直观训练原则

直观训练原则是一种非常重要的体育训练原则，它是依据直观性与动作技能形成的教学论原理确立的学生必须遵循的准则，其主要目的是使学生更有效地完成技术、战术和智力训练的任务。

在体育训练中，尤其是在训练初期，遵循直观训练原则十分重要。具体来说，在贯彻直观训练原则时，教师应注意以下几点：

第一，合理选用直观训练手段。教师要选择那些目的性强、有成效的直观训练手段，明确所选的各种直观训练手段的主要功能，注意不同运动项目、不同训练内容等的特点。

第二，根据学生的个体特征选择直观训练手段。教师要选择和运用符合学生个体特征的直观训练手段,在对水平不同的学生进行训练时,应采用不同的直观训练手段,同时还要根据学生的水平确定训练强度。

第三,在体育训练中,教师应先为学生做示范,让学生对训练内容有一定的了解,再通过录像、图解等手段,结合清晰、准确、形象的讲解以及对学生技术动作的分析,引导学生进行研究、讨论,启发学生的思维,让学生逐步找出体育运动的规律。

第四,注意运用直观训练手段的时机和方法。教师要把握学生感觉器官发育的敏感期,合理地选择和运用直观训练手段。教师可以通过语言、固定的身体姿势或慢速动作等加深学生对空中方位、肌肉用力程度等的理解。

(七)系统训练原则

学生只有进行不间断的系统训练,不断重复和巩固运动技能,才能完成运动技能系统化的积累。另外,多年的系统性训练也是在现代竞技运动中获得优异运动成绩不可或缺的,系统性训练和周期性训练是贯彻系统训练原则的重要手段。

在体育训练中贯彻系统训练原则时,教师要注意以下几点:

第一,要做好训练的周期性安排,把身体训练与技能训练结合起来。

第二,在比赛期间,教师要选择能合理调整运动量的措施,使学生在比赛前进入最佳竞技状态。

第三,教师在制订训练计划时要重视训练的持续性和连贯性,并考虑学生多年的系统的训练计划,还应完善训练大纲。

第四,教师必须注意各训练阶段之间的有机联系,做好各训练阶段之间的衔接。

第五,在安排体育训练时,教师要遵循"易—难、简—繁、浅—深"的原则,还要合理地安排和选择体育训练的内容和方法。

（八）适时恢复原则

在体育训练中遵循适时恢复原则，就是教师要及时消除学生在训练中所产生的疲劳，并通过生物适应过程形成超量恢复，提高学生的机体能力。当学生疲劳达到一定程度时，教师应依照训练计划，安排必要的恢复性训练，采取有效的恢复措施，使学生的机体迅速得到恢复。

在体育训练中贯彻适时恢复原则时，教师要注意以下几点：

第一，准确判别疲劳程度，这是适时恢复的重要前提。对学生疲劳程度的判别通常是根据学生的自我感觉和教师对学生的观察等，教师也常常采用一些比较客观的生理和心理测试方法判别学生的疲劳程度。

第二，积极采取加速机体恢复的适宜措施，如训练学恢复手段，医学、生物学恢复手段，营养学恢复手段，心理学恢复手段等。

第三节　体育训练的生理理论

体育训练的生理理论有许多。其中，起主要作用的是运动供能理论。下面，笔者重点介绍一下运动供能理论。

人体运动是肌肉利用能量做功的过程。人在安静时，全身消耗的能量少一些；人在剧烈运动时，机体对能量的需求增加，肌肉必须储存大量能量或者具有不断释放能量的能力。不同的体育运动项目有不同的能量需求，如：短跑、跳跃和投掷等项目需要机体在极短的时间内提供大量能量；马拉松、长距离游泳、越野滑雪等项目需要机体在长时间内提供大量能量；球类、体操等非周期性体育运动对各类供能方式均有不同程度的需求。人体主要有三种供能途径，即三大供能系统，它们通过不同方式的组合为各种体育运动项目提供与之相适应的能量。

这三大供能系统分别是磷酸原系统、糖酵解系统和有氧氧化系统。

一、磷酸原系统

磷酸原系统主要由细胞内三磷酸腺苷和磷酸肌酸两种高能磷酸化合物组成。

三磷酸腺苷是肌肉收缩的直接能源。当肌肉收缩时，与三磷酸腺苷结合的肌球蛋白和肌动蛋白形成横桥，同时分解三磷酸腺苷，使化学能转变为机械能，引起肌球蛋白和肌动蛋白滑行。

磷酸肌酸是骨骼肌储存能量的仓库，它的分解是合成三磷酸腺苷的最快途径。该反应由活性很强的肌酸磷酸激酶催化，一分子磷酸肌酸的分解可以合成同等数量的三磷酸腺苷。由于磷酸肌酸和三磷酸腺苷都是通过分子内的高能磷酸键快速转移来释放能量的，因而它们被统称为"磷酸原系统"。

磷酸原系统供能物质储量极少，其中每千克肌肉约含三磷酸腺苷 5～7 毫克分子，当肌肉以最大功率收缩时，供能时间仅能维持 1～2 秒。磷酸肌酸储量约为三磷酸腺苷的 3～5 倍，快肌纤维含量高于慢肌纤维。在运动时，成年人参与收缩活动的骨骼肌约为 20 千克，其磷酸肌酸储量约为 400 毫克分子，在进行每千克体重 50 瓦的最大功率肌肉收缩时，供能时间可达 6～8 秒。所以，人体在进行剧烈运动时，整个磷酸原系统的供能时间约为 10 秒。

虽然人体内的高能磷酸化合物较少，供能时间少于其他供能形式，但由于磷酸原系统在三个供能系统中输出功率最大，在进行极限强度运动时，该系统的最大输出功率超过每千克体重 50 瓦，几乎相当于汽车的输出功率，所以该系统对短跑、跳跃、举重和投掷等要求爆发力的运动项目来说极为重要。

磷酸肌酸的消耗与运动强度有关。人在剧烈运动时，磷酸肌酸储量下降速率大于三磷酸腺苷；人在筋疲力尽时，磷酸肌酸几乎耗尽，约为安静时的 3%，但三磷酸腺苷的含量仍保持在安静时的 60%左右。当人以 75%的最大吸氧量工作时，磷酸肌酸会下降 80%；当人以低于 60%的最大吸氧量工作时，磷酸肌酸的含量几乎不变，说明这种强度的运动主要靠有氧氧化供能。

体育训练可使肌肉中的磷酸肌酸含量增多，在进行速度训练后，人体肌肉内的磷酸肌酸含量会提高 58%；在进行力量训练后，其含量会提高 15%。肌酸磷酸激酶的活性也受训练的影响，在进行速度训练后，肌酸磷酸激酶的活性可提高 20%；在进行耐力训练后，肌酸磷酸激酶的活性可提高 15%。研究表明，运动员磷酸原系统的供能能力高于常人，因而在进行需氧量相同的剧烈运动时，运动员血乳酸的出现迟于常人。由此可见，体育训练确实能提高体内磷酸肌酸的储量，增强肌酸磷酸激酶活性，将磷酸肌酸分子内储存的能量转给腺苷二磷酸，重新合成三磷酸腺苷，以满足在短时间内进行剧烈运动时肌肉供能的需要。

二、糖酵解系统

糖酵解系统是机体进行较大强度运动时的主要能量来源。该供能系统的能量输出在运动开始后 30~60 秒达到最大速率，维持时间可达 2~3 分钟。2~3 分钟之后，由于糖酵解产物——乳酸堆积过多，肌肉的酸碱值下降，使磷酸果糖激酶活性受到影响，进而限制糖原的进一步分解，最终导致运动速率下降。糖酵解系统供能的最大输出功率约为磷酸原系统的一半，因此以糖酵解系统供能为主的运动的力量和速度均低于以磷酸原系统供能为主的运动。由于该供能系统可以在无氧条件下维持较长时间和较大功率的能量输出，因此在田径 200 米、400 米和 800 米等项目中，该供能系统是主要供能系统。研究表明，运动强度和糖酵解关系密切。当高强度运动需要的能量超过人体内有氧代谢供能能力时，人就会出现血乳酸升高的情况；当人以大于 90%的最大吸氧量的强度进行剧烈运动时，人的血乳酸会持续上升，直至因疲劳终止运动；当人以 50%～80%的最大吸氧量进行中等强度的运动时，最初 5～10 分钟，人的血乳酸缓慢上升，然后保持不变，或逐渐恢复到安静时的水平。

三、有氧氧化系统

有氧氧化系统是进行长时间耐力运动的主要供能系统。有氧氧化系统的能量输出功率远远低于其他两个供能系统，其供能速率与代谢底物有密切关系。当代谢底物为糖时，有氧氧化系统的输出功率约为糖酵解系统的 1/2，而脂肪氧化的最大输出功率又比糖完全氧化的最大输出功率低一半。

糖类、脂肪在体内储量甚多，可以维持较长时间的运动。一般认为，在高强度运动两小时之后，人的肌糖原才接近耗尽；而脂肪的储量，对于运动供能来说，可以说是取之不尽，用之不竭的。

与其他两个供能系统相比，有氧氧化系统的显著特点是合成三磷酸腺苷数量最多，维持运动时间最长，而且不产生导致疲劳的“副产品”。有氧代谢最终产生二氧化碳和水，二氧化碳可以经肺呼出体外，水可以被机体重新吸收利用。有氧氧化系统能维持长时间、长距离运动的供能，因此对越野滑雪、长距离游泳和马拉松等持续时间较长的运动项目具有重要意义。

在运动时，参与供能的能源物质的动用与运动强度有关。在安静时，糖供能只占 25%，脂肪供能约占 75%。当运动强度增加，达到最大吸氧量时，糖供能达到 75%～80%，脂肪供能则相对减少。在运动强度不变而运动时间延长时，脂肪供能的比例会逐渐增加。糖的利用还受膳食条件的影响，在低糖膳食的条件下，糖利用率低；在高糖膳食的条件下，糖利用率高。在进行相同强度的运动时，经过训练者利用糖的效率比未经训练者约低 10%。

脂肪的数量很多，但在运动时脂肪的利用会受到一定限制。糖原在体内储量不多，当运动强度增加时，糖的利用量也增多，因此肌糖原储量就成为影响运动能力的重要因素。当运动开始时，每千克肌肉含 6 克肌糖原，人以 75%的最大吸氧量运动到筋疲力尽，需要 1 个小时。当每千克肌肉的肌糖原增至 35 克时，人以 75%的最大吸氧量运动到筋疲力尽，需要 160 分钟。目前认为，当以 60%～80%的最大吸氧量运动时，运动员的耐力和运动开始时肌糖原的数量有关。长期坚持运动锻炼，可以增加肌肉内肌糖原含量，从而提高耐力素质。

在运动时，有氧氧化供能过程受以下几个因素的影响：

第一，线粒体的数量。线粒体是有氧代谢的部位，其数量增加能增加肌肉组织中氧的消耗，从而有利于提高氧从毛细血管到肌肉组织的弥散能力。

第二，肌肉组织中有氧代谢酶的活性。肌肉组织中有氧代谢酶的活性提高，可使肌肉组织的氧化能力提高、脂肪利用率提高，从而起到节省糖原的作用，达到提高运动能力的效果。

第三，血红蛋白。血红蛋白的增加有利于氧的供应。

第四，代谢调节能力提高，肌肉对能量物质的利用能力也会增强。

此外，肝糖原分解、丙氨酸葡萄糖循环参与供能过程等，对有氧氧化供能过程也会产生积极影响。

四、各种供能系统的关系

不同类型运动项目的供能途径之间以及各供能系统之间形成了一个连续的统一体，它可以表示运动中所需能量的产生途径与该运动项目之间的关系。统一体的一端是短时间、高强度的运动，整体供能以无氧代谢为主，如 100 米跑主要是磷酸原系统供能，运动时间超过 10 秒后，糖酵解供能逐渐加强。统一体的另一端是长时间、低强度的运动，如马拉松的大部分能量是由有氧氧化系统提供的。位于统一体中间的项目则主要由糖酵解系统提供能量，磷酸原系统和有氧氧化系统也会提供一定比例的能量。随项目所处位置的不同，磷酸原系统和有氧氧化系统提供能量的比例也会有所不同。

各运动项目在能量连续统一体中的位置，可以根据其有氧和无氧氧化供能的比例确定，跑、游泳和其他任何项目都可能包括在这一连续统一体中。在进行各种运动时，有氧和无氧氧化系统都可提供一定的三磷酸腺苷，但各种运动又总是以某一供能系统为主。例如，某运动员体内的某一供能系统比其他供能系统更发达，那么以这个供能系统为主的运动项目成绩就会提高。

在一项运动中，三种供能系统供给三磷酸腺苷的比例与运动时间及输出功率密切相关。运动时间越短，输出功率越大，由磷酸原系统供能的比例也就越大；反之，由有氧氧化系统供能的比例就越大。当其中一个系统供给三磷酸腺苷的比例升高时，另一个系统供给三磷酸腺苷的比例就会下降，这两个系统几乎分别负责供应能量连续统一体两端的活动的全部三磷酸腺苷。

实际上，大部分运动项目涉及两个以上供能系统，如某些运动项目持续时间很长，能量供应以有氧氧化为主，但其中某些技术动作需要高速率的能量输出，必须由磷酸原系统提供能量，因此同时训练有氧氧化系统和磷酸原系统这两个系统，才能有效提高运动能力。比较典型的例子是障碍跑，长距离的奔跑由有氧氧化系统供能，而跨越障碍则由磷酸原系统供能。

研究不同供能系统之间的关系无须讨论所有体育项目，可以用运动时间这一共同标准来确定能量连续统一体。运动时间的能量连续统一体可分成四个明显不同的区域：

第 1 区：这一区包括运动持续时间少于 30 秒的运动项目。这些运动项目最主要的供能系统是磷酸原系统。属于能量连续统一体第 1 区的运动项目有推铅球、100 米跑等需要速度和爆发力的运动项目。

第 2 区：这一区包括运动持续时间为 30～90 秒的运动项目。在这些运动项目中，起主要作用的供能系统是磷酸原系统和糖酵解系统。属于这一区的运动项目有 100 米自由泳、200 米跑、400 米跑等。

第 3 区：这一区包括运动持续时间为 90～180 秒的运动项目。在这些运动项目中，起主要作用的供能系统是糖酵解系统和有氧氧化系统。属于这一区的运动项目有 800 米和 1 500 米跑、200 米和 400 米自由泳、体操等。

第 4 区：这一区包括运动持续时间在 3 分钟以上的运动项目，其所需的三磷酸腺苷主要由有氧氧化系统供应。属于这一区的运动项目有马拉松、越野项目跑、1 500 米自由泳和慢跑等。

五、运动时能量供应的调节

在运动时，人体内的物质代谢过程比正常生理条件下的物质代谢过程复杂且激烈，参与代谢的物质和代谢生成物的量远远高于安静时的量。因此，进行运动时能量供应的调节是很有必要的。

进行运动时能量供应的调节，需要注意以下几点：

（一）维持三磷酸腺苷含量恒定的调节

细胞内的三磷酸腺苷含量有限，一秒左右的激烈肌肉收缩即可使其全部耗尽。但实际上，在长时间的剧烈运动之后，细胞中的三磷酸腺苷与二磷酸腺苷的比值没有明显变化，说明剧烈运动时三磷酸腺苷合成与分解的速度基本上是一致的。随着肌肉收缩活动的增加，供能物质的利用速度必然加快，而三磷酸腺苷与二磷酸腺苷的比值没有太大变化，这主要是因为一磷酸腺苷、磷脂酰肌醇、磷酸肌酸等物质在直接或间接地对两者进行调控，使能量的消耗与生成保持高度的协调统一。

（二）注重能源物质利用的调节

在运动时，调节能源物质利用的原则是尽量减少糖的使用。葡萄糖是人体红细胞、白细胞、脑和神经组织生成能量的唯一供能物质。为了维持这些组织的正常机能，血糖必须维持正常水平，如果不能从食物中摄取葡萄糖，维持正常的血糖水平，人体就会减少糖的使用，优先把能量供给那些依赖葡萄糖氧化供能的重要组织,然后加强脂肪的氧化供能作用,用脂肪为其他组织供能。

当供能充分时,细胞内脂肪酸有氧氧化加强,三磷酸腺苷与二磷酸腺苷的比值以及三羧酸循环中间代谢产物——柠檬酸浓度升高,二者可以抑制磷酸果糖激酶的活性,导致此反应前的代谢产物增多。其中,磷酸葡萄糖的堆积可以抑制细胞内葡萄糖磷酸化,阻断糖酵解。

当剧烈运动时,肌肉收缩加强,要求供能速率增大,三磷酸腺苷与二磷酸腺苷的比值下降,磷酸果糖激酶的活性大幅度上升,磷酸葡萄糖酸化反应加快,从而使糖氧化功能增强。

体育训练能明显提高骨骼肌利用脂肪供能的能力,其主要原因是训练能使肌肉内的线粒体数量增多,线粒体内脂肪酸氧化酶系、三磷酸循环酶系以及呼吸链酶系的活性相应增强,使脂肪酸的氧化能力增强,这是机体对一定强度的长时间运动的适应。长跑训练可以提高脂肪酸的氧化能力,从而消耗体内一部分脂肪,达到减重的目的。

(三)注重供能代谢的激素调节

在运动时,整体供能代谢的调节受各种激素水平的影响。胰岛素在体内能源物质利用的调节中起重要作用,在吸收阶段,胰岛素分泌增加,有利于葡萄糖转运至肌肉和脂肪细胞,可以促进肌细胞内糖原的生成和脂肪细胞内甘油三酯的合成。当血糖水平升高时,肝脏以糖原形式储存葡萄糖,同时将过多的葡萄糖转变成脂肪酸,由血液运送到脂肪细胞,进而合成甘油三酯。在吸收后的阶段,血糖水平下降,胰岛素分泌减少,进入肌肉和脂肪细胞的葡萄糖也随之减少。这将引起脂肪组织内脂肪酸的释放、血浆脂肪酸浓度的升高和肌细胞氧化脂肪酸能力的提高,进而起到节省糖的作用。此时的代谢变化主要保障脑和神经组织对葡萄糖的利用,肝糖原的分解可以使血糖浓度维持正常的水平。其他组织以脂肪供能为主,只要有充足的血液为肌肉提供氧和脂肪酸,肌肉就可以利用脂肪代谢释放的能量合成三磷酸腺苷。在运动时，血液胰岛素浓度明显下降，限制肌肉细胞对血糖的摄取，从而增加脑和神经系统对血糖的利用。

生长激素在运动中的作用是调节游离脂肪酸和甘油水平，它的分泌量与运动的剧烈程度和持续时间有关。有人通过实验发现，在低强度运动的前 40 分钟内，生长激素的分泌量没有明显变化；40 分钟以后，生长激素的分泌量逐渐增加，并能持续 2 小时；运动结束后，其分泌量立即减少。当人以 50%的最大吸氧量的强度运动时，生长激素的分泌量没有明显变化。当运动强度增加到 66%的最大吸氧量时，生长激素的分泌量明显增加。在此阶段，血清葡萄糖的含量未下降。因此，可以认为，脂肪供能速率在达到一定程度时，可以使生长激素的分泌量明显增加。

肌肉运动可导致肾上腺素和胰高血糖素的分泌量增加，可以提高能量物质（特别是脂肪）的利用率。随着运动强度的提高，脂肪供能输出功率不能满足肌肉剧烈运动的能量需求，三磷酸腺苷的合成将转向主要依赖糖原分解提供能量。

不同的运动项目在能量供应的速率、数量和供能物质的选用方面有不同的需求。因此，按照各种运动项目有氧代谢和无氧代谢的大体比例制订训练计划，安排训练方法，把握运动负荷，对改进体育教学和体育训练、提高运动成绩具有重要意义。

第四节 体育训练方法及创新

一、体育训练的方法

体育训练的方法有很多,具体要根据实际情况进行选用,以达到最佳的训练效果。

常见的体育训练方法主要有以下几种:

(一)持续训练法

持续训练法是指负荷强度较低、负荷时间较长、无间断连续进行练习的训练方法。在练习时,人的平均心率为 130～170 次/分。持续训练法主要用于发展一般耐力素质、负荷强度不高但过程细腻的技术动作的训练。采用这种方法进行训练,可使机体运动机能在较长时间的负荷刺激下保持稳定,使机体内脏器官产生适应性的变化;可提高有氧代谢系统供能能力以及该供能状态下有氧运动的强度,为进一步提高无氧代谢能力及无氧工作强度奠定坚实的基础。

根据训练时持续时间的长短,持续训练法可分为短时间持续训练法、中时间持续训练法、长时间持续训练法三种类型。

(二)间歇训练法

间歇训练法是指对多次练习时的间歇时间做出严格规定,使机体处于不完全恢复状态下,反复进行练习的训练方法。学生在严格的间歇训练过程中,心脏功能能够得到明显增强。通过体育训练负荷强度的调节,机体各机能与有关运动项目相匹配的适应性变化也会产生。通过不同类型的间歇训练,学生可以得到有效发展，可以提高糖酵解代谢供能能力。较高负荷心率的刺激，有利于机体抗乳酸能力的提高，从而能够保证学生在较高运动强度的情况下仍具有持续运动的能力。

高强性间歇训练法、强化性间歇训练法以及发展性间歇训练法是间歇训练法的三种类型。

（三）变换训练法

变换训练法是在综合考虑实际比赛过程的复杂性、对抗程度的激烈性、运动技术的变异性、运动战术的变化性、运动能力的多样性以及中枢神经系统的灵活性等因素的情况下提出的。所谓变换训练法就是对体育训练负荷、训练内容、训练形式进行变换，使学生的积极性、适应性及应变能力得到提高的训练方法。变换训练负荷，能够使机体产生与有关运动项目相匹配的适应性变化。变换训练内容，能够使学生的训练更加系统，并使学生的不同运动素质、运动技术和运动战术得到协调发展，从而使其具有更接近实际比赛需要的多种运动能力和实际应用的应变能力。

变换训练法可以分为形式变换训练法、内容变换训练法和负荷变换训练法三种类型。

（四）重复训练法

重复训练法指的是多次重复同一练习，并在两次（组）练习之间安排相对充分的休息时间的训练方法。进行相对稳定的负荷强度的多次刺激，可使机体尽快产生较高的适应性机制，有利于学生身体素质的提高。单次（组）练习的负荷量、负荷强度及每两次（组）练习之间的休息时间是构成重复训练法的主要因素。静止、肌肉按摩和散步是常用的休息方式。

依据单次练习时间的长短，重复训练法可以分为短时间重复训练法、中时间重复训练法和长时间重复训练法三种类型。

（五）循环训练法

循环训练法指的是根据训练的具体任务，将练习手段设置为若干个练习站，学生按照既定顺序和路线，依次完成每站练习任务的训练方法。每站的练习内容、练习站的安排顺序、练习站之间的间歇、每遍循环之间的间歇、练习站的数量与循环练习的组数等是循环训练法的结构因素。

运用循环训练法，可以使不同层次和水平学生的训练积极性得到有效提高；可以使体育训练过程的练习密度得到增加；可以防止局部负担过重，延缓疲劳的产生，对全面身体训练非常有利。在实践中，采用循环训练法时会设置"站"和"段"，其中的"站"指的是练习点。如果一个循环内有若干个练习点是以一种无间歇方式衔接的，那么这几个练习点的集合可称为练习"段"。"站"和"段"是安排循环练习顺序时应该考虑的。

以各组练习之间间歇的负荷特征为依据，循环训练法可分为循环重复训练法、循环间歇训练法和循环持续训练法三种类型。

（六）比赛训练法

比赛训练法指的是在近似、模拟或真实、严格的比赛条件下，按比赛的规则和方式进行训练的方法。比赛训练法提出的依据包括人类先天的竞争和表现意识、竞技能力形成过程的基本规律和适应原理、现代竞技运动的比赛规则等。若想全面提高学生的体、技、战、心、智各种竞技能力，在体育训练中，可运用比赛训练法。

教学性比赛法、模拟性比赛法、检查性比赛法和适应性比赛法是较为常见的比赛训练法类型。

（七）综合训练法

综合训练法是指把重复训练法、循环训练法、变换训练法等各种训练法结合起来运用，或者在一组训练中安排各种技术训练、灵敏训练、力量训练等多种训练内容的训练方法。

在训练实践中，教师需要通过综合训练来灵活调节学生的训练负荷与休息，使其更圆满地达到训练要求，从而促进学生运动素质和运动水平的全面提高。

综合训练法变化很多，组合多样，具体可以根据不同性别、年龄、身体状况、锻炼水平的学生的需求进行适当调整，以期取得理想的训练效果。

随着现代科学技术的进步，体育训练方法从理论到实践不断推陈出新。目前，体育教育者非常重视改变传统训练法，借助新的科学理论，运用新的训练方法。

当前，随着竞技体育运动的发展、科学技术的进步以及人们认知水平的不断提升，体育训练的方法正在向多样化的方向发展。有些教师在体育训练方面积累了丰富的经验，总结了多种多样的训练方法来指导训练实践。现代体育训练更加注重实效性、科学性。如今，许多教师除了使用一些传统训练方法，也使用一些新的训练方法，以使体育训练更加科学、有效。

二、体育训练方法的创新性探索

时代在发展，科技水平在不断提升，学生的竞技水平、训练的层次也在相应提高，这就对训练方法提出了新的要求。

（一）破旧立新

所谓破旧立新，就是要打破原来固定的训练方法，从训练手段、训练思路等方面入手探索新的训练方法。破旧要求教师打破原来固定的训练方法，从而增强训练效果。立新要求教师以创造性思维去思考、解决各种问题，寻找新的突破口，开辟新途径，发现新的思路、观点、方法、手段等，从而使体育训练取得更大成效。

（二）克弱转强

在训练过程中，教师要引导学生主动找出自己的弱点，并将其作为探索研究的基准点，努力攻克它，使弱转化为强。如果在体育训练中，采用某一训练方法无法达到预期的效果，教师就应该对训练方法加以深入剖析，找出其不足之处，并加以弥补、修正，或创造出新的训练方法。

（三）移花接木

现代知识的综合运用程度越来越高，新成果大量涌现，知识的渗透力越来越强，综合聚变效应也越来越强。教师要善于将其他学科中的原理、规律、方法等移接到体育训练中来，进行巧妙衔接，创新训练原理、规律、方法等，从而提高训练效果。

第五节　体育训练的发展

一、体育训练的发展趋势

如今，全民健身理念深入人心，体育训练也取得一定发展，出现了很多有关体育训练的新观念、新思路、新方法、新手段等。把握当今体育训练的发展趋势，有利于体育教师转变传统的训练观念、训练思路，找出其中存在的问题，达到育人目标。

从近些年的体育训练实践来看，体育训练的发展趋势主要有以下几点：

（一）科学化

体育教师要以科学理论为指导，借助各方面力量，广泛运用现代科技成果，采用科学的训练方法、手段等，对体育训练的全过程实施最佳控制，使学生以最小的付出取得最佳的训练效果。要想保证体育训练科学化，就要进行科学选材，进行科学诊断，制订科学的训练计划，科学地组织与控制训练活动，营造良好的训练环境，进行高效的训练管理等。

（二）系统化

现代体育训练活动是一个系统的复杂工程。从体育训练的实施到运动成果的取得，往往离不开系统的规划，将系统控制思想及理念与体育训练活动结合起来，才能促使现代体育训练逐步走向系统化。要想保证体育训练系统化，体育教师要采取适宜的训练方式、方法，对训练的整个过程实行监督，实行合理的信息反馈机制，根据学生的实际情况制订最佳训练计划，提高学生的运动能力。

（三）个性化

现代体育训练正在向着个性化方向发展。体育训练的对象是学生，而世上没有完全相同的个体，不同的学生往往具有较大差异。在体育训练过程中，教师要针对每个学生的能力结构特点，确立适合他们个体特点的训练模式，实施个性化训练。

二、体育训练的发展策略

开展学校体育训练，其意义是显而易见的，它可以有效增强学生的身体素质，有效实现学校体育教学的目的，较好地贯彻教育方针，推动我国体育事业的发展。但不可否认的是，我国现在的学校体育训练存在一些问题，如体育设施不完善、内容不丰富、训练方法亟待更新等，这些问题阻碍了我国学校体育训练的发展。

体育训练的发展策略主要有以下几点：

（一）提升学校管理水平

学校的体育训练管理水平需要得到提升。提升学校管理水平，可从以下三个方面入手：一是对校运动队加强管理；二是对体育教师加强管理；三是对学生加强管理。对校运动队加强管理，需要学校从制度上保障校运动队的专项发展、队伍建设等，从校运动队的真实水平出发，建立合适的发展目标，争取使学校的专项运动项目得到长期稳定发展。对体育教师加强管理，需要学校从机制建设上给体育教师训练补贴、奖励绩效等，鼓励体育教师在体育训练中投入更多精力，提升运动队的训练水平和运动能力。对学生加强管理，需要学校突出学生的"主体"地位，以学生为中心，以发展他们的体育素质、使他们形成良好的体育训练习惯等为目标，使学生养成健康的生活习惯，使体育锻炼成为他们的终身习惯。

（二）多元发展体育训练项目

学校应该加大经费投入，促进训练项目多元发展。从运动项目的角度来看，增添新兴体育项目、弘扬民族传统体育项目等都是学校体育发展的重要途径。例如，舞龙、舞狮、武术等民俗体育项目，可使学校的体育训练发展更为多样化。

（三）增加经费的投入

在学校发展体育训练的过程中，经费投入必不可少。只有在经费充足的情况下，训练项目的增设、训练场地的更新维护、训练器材的采购、教师的课时补贴等才能得以实现。如今，许多学校对体育训练越来越重视，但是对训练经费的投入仍然较少，难以满足体育训练的需求，这从根本上制约了学校体育训练的发展。相关负责人要重视起来，结合学校体育训练的需要增加经费的投入。

第六章　体育训练实践

第一节　体育训练计划的制订

一、体育训练计划制订依据

体育训练计划是指为了未来有目的、有组织、有步骤地进行训练而对学生的某一训练过程或某一训练阶段所做的科学设计。体育训练计划的制订是教师为使学生达到某种目标，在训练前对未来训练实施工作的一种理论设计。

这种理论设计在实践中的作用，主要体现在以下几个方面：

第一，有利于建立训练过程模型。训练过程模型，将多重嵌套的训练过程有机地联系为一个既相互独立又相互衔接的整体，使不同的训练目标、任务、内容、方法、手段、要求等与不同时间跨度的训练过程一同融入一个直观且系统的网络之中。借助训练过程模型，教师能够预测未来训练过程的基本变化并掌握体育训练各个因素的发展进程。

第二，有利于实现过程监督。利用体育训练计划对现代体育训练过程实施监督与调控，是提高训练效果的重要措施。运用训练计划对现代体育训练过程实施监督与调控，可以将训练过程置于现代体育训练系统的监控之下，为以后训练工作的改进提供科学的依据。

第三，能够提供结果评价依据。训练计划可以帮助教师评价训练目标与训练结果的差异性，有利于教师正确认识训练过程的成功经验与失败教训。此外，体育教师应科学调整训练计划并纠正训练过程中的偏差，以便实现训练计划的目标。

体育训练计划的制订依据有以下几点：

（一）训练和参赛工程结构理论

训练工程结构由训练工程规划、训练工程实施、训练工程监控三大环节构成。参赛工程结构主要由赛前竞技策划、赛中竞技实战和赛后竞技评价三大环节构成。优异的运动成绩是训练工程与参赛工程综合作用的结果，因此必须按照工程规划、实施和监控的流程做好训练计划的制订工作。训练计划是训练工程设计的主要内容，做好训练工程的设计有助于提高训练工程实施质量、强化训练工程监控功能，从而将专项运动发展始终置于过程有规划、实施有依据、全程有监控的工程构建模式之中。

（二）训练工程分期和训练过程分期理论

训练工程分期和训练过程分期理论，是科学制订和实施不同训练计划的重要依据。现代竞技运动的发展历史证明，优异成绩的获取和优秀学生的成长是一个复杂、周期较长的系统工程。从工程工期序列角度看，整个体育训练工程中的兴趣启蒙训练、专项初级训练、专项提高训练、创造成绩训练、保持运动寿命五个训练时期，就是不同的训练工期。每一个工期又可分为不同时段的子期。从过程时间序列角度看，整个训练过程可以分解为单元训练（课）、周训练、阶段训练、周期训练、年度训练、多年训练等不同时间跨度的训练过程。其中，前一个过程都嵌套在后一个过程之中，后一个过程都是若干前一个过程的有机串联。

（三）竞赛中竞技状态形成理论

竞技状态是指学生适时获取理想成绩的最佳状态。竞技状态表现的显著特征就是竞技能力的和谐和优异成绩的突破。竞技能力是竞技状态的基础条件，竞技状态是竞技能力的核心体现，竞技状态的形成主要受超量恢复原理、重大赛事制度安排等的影响。因此，竞技状态呈周期变化。竞技状态从获得到保持再到消退这一过程，是螺旋式上升的过程。由于运动超量恢复的效果取决于负荷与恢复的作用，重大赛事制度的安排取决于赛程和规则的设计，因此竞技能力发展进程、竞技状态出现时机与训练计划科学制订和科学实施休戚相关。由此可见，竞技状态形成理论是正确制订和实施不同类型训练计划的重要依据。

二、体育训练计划的类型

由于体育训练工程的工期划分、训练过程的分期和多年训练过程的细化等，体育训练计划可以分为多年训练计划、年度训练计划、周期训练计划、阶段训练计划、周训练计划、单元训练（课）计划。其中，后一种训练计划都是依据前一种训练计划的任务和时间等制订的。例如，阶段训练计划既是相应周期训练计划的组成部分，也是周训练计划制订的依据。

（一）多年训练计划

多年训练计划是指教师根据多年训练过程，对这一训练过程（工程）所做的科学规划。多年训练计划可分为全程性和区间性两类：全程性多年训练计划是指对启蒙阶段伊始直到运动寿命结束的整个过程所做的训练规划；区间性多年训练计划是指对两年以上的某一特定训练过程所做的训练规划。

多年训练计划的主要内容有总体目标、学生的基本情况、全程阶段划分、年度目标、各年训练任务、全程负荷趋势等。其中，总体目标、年度目标是多年训练计划的设计要点。

（二）年度训练计划

年度训练计划是多年训练计划的组成部分，也是周期训练计划制订的依据。年度训练计划又称全年训练计划，是对运动队或某一学生年度训练过程所做出的科学设计，主要用于专项提高训练阶段、创造成绩训练阶段和保持运动寿命阶段的过程设计。由于竞技水平的提高、商业赛事的增多、竞赛制度的改革等，年度训练计划的制订方式逐渐由单、双周期向多周期结构转变。年度训练计划的主要内容有训练目标、队员状态分析、过程分期、阶段任务、过程检查指标、运动负荷趋势、基本措施要求等。其中，训练目标、过程分期、阶段任务、过程检查指标、运动负荷趋势是设计要点。

（三）周期训练计划

周期训练计划往往是年度训练计划的一部分。通常，周期训练计划的主要内容有周期目标、队员状态分析、周期划分、训练内容、主要训练方法、过程检查指标、负荷变化趋势、基本措施要求等。其中，周期目标、周期划分、训练内容和过程检查指标是设计要点。

（四）阶段训练计划

阶段训练计划是指对某一周期中特定训练阶段所做的设计。通常，阶段训练计划的时间跨度为 0.5 到 3 个月。当然，针对不同季节或重大赛事所做的计划，也可称为阶段训练计划。阶段训练计划可分为两种类型：一种是针对某个系统训练过程有机组成部分的计划，往往具有系统性、连续性特点；另一种是短期临时集训的计划，往往具有临时性、独立性特点。阶段训练计划的主要内容有阶段训练任务、队员状态分析、阶段过程划分、阶段训练内容、主要训练手段、阶段检查指标、负荷变化趋势、基本措施要求等。阶段训练计划是周期训练计划的细化，内容较为具体。

（五）周训练计划

周训练计划是体育训练计划的重要组成部分。周训练计划的特点是训练任务具体、训练内容清晰、训练方法明确、负荷指标定量，并具有重复性和节奏性特征。因此，周训练计划科学与否，是能否落实多年、年度、周期和阶段训练计划的关键。通常，周训练计划主要由训练任务、训练内容、训练方法、训练手段、训练负荷指标等内容组成。制订周训练计划的依据是阶段训练计划、现实状况、周训练类型等。

（六）单元训练（课）计划

单元训练（课）计划是体育训练计划的一种，又称为训练课教案，是指对一堂训练课的训练过程所做的计划。单元训练（课）计划的主要内容有：课的任务、过程划分、训练内容、训练手段、运动负荷、组织方法、基本要求等。

第二节 体育训练运动负荷

一、运动负荷基本概念

负荷，电力、动力设备在运行中所产生、消耗的功率。在不同领域，负荷的含义往往有所不同。时间和工作量是对负荷性质的限定。没有时间的工作量不能称为负荷，只谈时间不谈及工作量也不是负荷。

体育训练一定存在运动负荷，但是运动负荷并不一定为体育训练所独有，也存在于其他方面，如社区的健身娱乐、康复保健等。运动负荷是上位概念，其可分为训练负荷、比赛负荷、健身负荷等。这种划分区别了不同环境下主体从事不同运动的负荷性质，也暗示了不同种类负荷目的、内容、方式的不同，需要"区别对待"。

在体育训练过程中，主体的性质决定了运动负荷的种类。体育训练中的运动负荷主要指训练负荷。训练负荷更加明确了负荷的主体及其目的、内容、方式、手段等。

训练负荷是指体育训练过程中学生在一定时间内所承受的工作量。我们说负荷必须具备刺激的特性并能够产生一定效应，但是不能够说负荷本身就是刺激，因为正是将机体作为对象，负荷才有意义。负荷是通过一系列负荷指标来衡量的，这些负荷指标本身反映了量的大小，而不反映刺激大小。"一定时间"内的"工作量"限定，使所有工作量都可以成为负荷的范畴，这也为负荷分类提供了基础。

体育训练中的运动负荷的本质反映了"负荷"的一般特征，即机体在一定时间内的工作量。运动负荷本身并不是刺激，更不是应答。通过负荷可以对机体进行刺激，并得到相应的回应。所谓"生理负荷"与"心理负荷"，是运动负荷作用下机体在生理与心理上的效应，或者称"负荷后效"，而不是负荷。

二、运动负荷的构成因素

运动内容、运动强度、运动量、运动密度是构成运动负荷的基本因素。

（一）运动内容

运动内容由身体活动的性质决定。不同的运动内容，对人体系统内部机能状态的影响也不同。根据运动内容所对应的生理负荷时间变化曲线，运动内容大体可分为三类：脉冲式（如掷铅球）、阶跃式（如立定跳远）和平台式（如马拉松)。

脉冲式的运动内容对人体的影响是突发的，无启动准备期，持续的时间极为短暂。阶跃式的运动内容虽对人体的影响也具有突发性，但自身持续的时间相对较长，且有明显的启动准备期。平台式的运动内容，自身持续的时间较长，对人体的影响保持相对稳定。

一次体育训练，往往不是单一运动内容的一次性行为，而是多项运动内容的组合与反复；当然也不能排除单一运动内容一次性行为与单一运动内容自身反复的情况存在。分清运动内容的性质，是有效进行运动内容组合与反复的前提。

要想用运动负荷定量描述外部身体活动，应先明确运动内容。离开运动内容谈运动负荷没有意义。此外，运动内容必须具体。运动内容的具体，不仅是为了使其性质规定更突出，同时在一定程度上也是一种"量"的限定，如100米跑（一维空间限定）、3 000米跑（二维空间限定）、篮球比赛（时间限定、空间限制）、羽毛球比赛（比分限定、空间限制）等。因此，在对运动内容的"质"进行把握时，还应重视它所蕴含的"量"的限定。

（二）运动强度

运动强度是完成特定运动内容的个体能力水平的规定。它通常用个体在一段时间内的最高能力水平的百分数来表示。所谓"最高能力水平"，即对于特定的运动内容，个体竭尽全力所能达到的运动效果，如100米跑的最短时间、负重下蹲的最大重量等。一段时期内的最高能力水平，也称为该时期的最大运动强度。在体育训练中，由于追求的是训练总时间内的过程高质量，因此并不要求对每一运动内容的完成都竭尽全力，而是要有所控制和保留。也就是说，不是用最大强度去做，而是只用最大强度的90%或80%去做。对于"一段时期"的长短，没有具体的规定，而是一种经验性把握。只要个体能力水平的增长不明显，或增长的幅度对体育训练的质量要求影响不明显，就不必急于或经常修改最大强度。

在体育实践中，能客观评价运动能力效果的是体能性运动内容，其最大强度容易确定，而且对体育训练有较大的实际价值；而技巧性强而体能要求不高的技能性运动内容，其最大强度的确定就比较困难，即使确定了，对体育训练的实际价值也不大。例如，投篮的运动强度，可以用保持正确投篮动作的最大距离来衡量。但人在体育训练中，总是力求前者更客观、更准确，对后者只作经验性的大概判定与掌握。苛求后者量的精确，反而会喧宾夺主。

运动强度是一个有较大时变性特点的个体化指标，在实际应用中，有较大的局限性和经验性。

（三）运动量

运动量，是运动内容组合关系的数量规定。运动量虽然是对运动内容依时间先后而展开排列的过程结构描述，但它本身并不含有时间的约束，是一种单纯的量的规定。在总时间内，安排的运动内容越多，可能的组合结构就越多，其间的关系也越复杂。运动内容的组合关系，不仅包括相同运动内容的重复和不同运动内容的结合，还包括在重复与结合基础上的反复与再反复。具体地说，运动量就是在设置运动内容先后顺序排列的过程中对反复次数和重复遍数的规定。这种规定反映了每次体育训练的总体构想和具体意图，训练的整个过程也十分自然地被划分为若干阶段或小节，表现出每次体育训练的过程结构特点和工作着力重心。

（四）运动密度

运动密度是运动内容组合关系的时间规定。它是在运动量的基础上，对运动内容按先后次序展开的继时关系的具体限定。运动内容的相对独立性和运动内容组合的目的针对性，必然要求运动内容的重复应有一定的时间停顿，运动内容的组合应有一定的时间过渡，运动内容的反复应有一定的时间间隔。因此，运动密度实质上就是对上述时间间歇的长短做出明确的限制，消除或减少行为过程中的随意性，以增强或提高其紧凑性和实效性。运动密度的确定，不仅使全过程阶段的划分更清楚，意图更明确，而且使阶段内表现出单元或组的划分，使体育训练过程呈现出鲜明的节奏特征。

时间间歇有两种类型：一种为自然性时间间歇；另一种为人为性时间间歇。

自然性时间间歇是由运动内容的相对独立性所决定的。运动内容的初始态与终末态存在的空间错位会造成时间延缓，如急行跳远结束后回到原准备位置的时间消耗、掷铅球结束后捡球回位的时间消耗。自然性时间间歇虽是不可避免的，但有较大弹性，如急行跳远结束后，走路回到原位和跑步回到原位，就存在较大时间差。教师可以通过各种手段和方法来压缩自然性时间间歇，以提高运动密度，如在掷铅球训练时，要求学生不能掷一次捡一次，而是掷完一定数量后再一次性捡回，从而使训练时间尽可能得到充分利用。

人为性时间间歇是由人体系统的有机性决定的。人体不能较长时间维持较高强度水平的身体活动，需要一定时间做必要的缓解和休整。即使是较低强度水平的身体活动，持续太长时间，人体也容易疲劳，需适时作一定时间的松懈与恢复。另外，不同运动内容的转换也需要一定的时间以便进行身体调整和精神准备。人为性时间间歇，虽表现为过程的中断或暂停，但其实质是为了过程更好地延续和更顺利地承接。因此，对人为性时间间歇的规定，不仅应该是"充分的"，即不能太短，否则将破坏过程的连续性，影响身体锻炼或体育训练所期望的"正效应"，还应该是"必要的"，即不能太长，否则人体不能承受，将出现身体锻炼或体育训练所不允许的"负效应"。

三、运动负荷的度量

运动负荷的度量就是要对运动负荷做出具体的计量。度量运动负荷往往从运动负荷强度与运动负荷量两方面入手。

运动负荷强度是指运动负荷对机体刺激的深刻程度。而运动负荷量是指运动负荷对机体刺激的数量。运动负荷量是运动负荷强度提高的基础，只有在一定的运动负荷量训练的基础上提高运动负荷强度，学生运动负荷能力的提高才是稳固的。

在体育训练过程中，教师要根据不同专项、学生、时期等交替安排大、中、小运动负荷。通过施加运动负荷，使机体受到刺激，而机体则以适应的形式、对策对刺激做出反应。

在进行运动负荷的度量时，需要考虑以下几个指标：

（一）运动负荷的训练学指标

体育训练实践涉及的运动负荷的训练学指标包括训练日数（天），训练次数（次），训练时数（小时），比赛次数（次），恢复次数，理疗、电兴奋等的次数或小时数，总休息天数（天），积极性休息课数（次或小时），因伤病不能训练数（天），训练的组数，距离，重量，速度，难度，练习密度。

（二）运动负荷的生化指标

体育训练实践涉及的运动负荷的生化指标主要有心率、血压、血乳酸、尿素氮、尿蛋白、尿肌酐等。然而，影响运动负荷的因素是多方面的，用单一生化指标度量运动负荷往往有一定的局限性，会产生误差。例如，采用血乳酸可以度量运动负荷的强度，但无法度量运动负荷量；同样，采用尿素氮可以度量运动负荷量，却无法度量运动负荷强度。有些生化指标既与运动负荷强度有关，又与运动负荷量有关，如尿蛋白，在运动负荷量大时，尿蛋白排出量增加，但当运动负荷强度加大时，其排出量更多，单独用尿蛋白作为度量指标，运动负荷强度及运动负荷量均难以确定。但如果增加其他生化指标，如同时采用血乳酸、尿蛋白、尿素氮三项指标进行综合度量。血乳酸与运动负荷强度有关；尿素氮与运动负荷量、身体机能等有关；尿蛋白既与运动负荷强度有关，又与运动负荷量有关，还与身体机能状况有关。这样，既可全面评定运动负荷的大小，又可客观了解学生对运动负荷的反应。可见，运动负荷的生化指标可起到相互补充的作用，教师可以通过充分运用运动负荷的生化指标，优化体育训练过程，提高体育训练效果。

四、运动负荷的合理安排

合理安排运动负荷，就是在训练中，根据训练时期、具体任务、学生水平等，逐步地、有节奏地加大运动负荷。由于训练时期、具体任务等存在差异，运动负荷的安排要有所区别。例如，过渡期的训练，主要任务是调整、恢复，一般安排小负荷量。不同学生承担负荷的能力、适应负荷时间的长短以及恢复功能等都存在差异。只有根据这些具体情况安排的运动负荷，才是合理的、科学的。逐步地、有节奏地加大运动负荷，就是"加大负荷—适应—再加大负荷—再适应"的过程。学生只有逐步训练，逐步适应新的运动负荷，运动能力才能逐步提高。

（一）合理安排运动负荷的科学依据

1.超量恢复的原理

学生在承担一定运动负荷后，就需要一个恢复—超量恢复的过程。要产生较为理想的超量恢复，就要有一个合理的休息时间及有效的恢复手段。在一定范围内，负荷越大，刺激越深刻，产生的超量恢复水平就越高。

2.适应训练的规律

机体在训练过程中多次承担同一运动负荷量，就会逐渐适应这一运动负荷量。在适应后，机体的能力往往难以得到进一步提高，而是停留在原来的水平。只有不断施加新的运动负荷，不断加大运动负荷量，使机体不断适应新的运动负荷量，才能不断提高机能水平。值得注意的是，不按客观训练规律去逐步增加负荷量，而是盲目加大负荷量，超过学生的承受能力，不但不能提高机能水平，而且有碍健康。

3.运动负荷合理性的标准

第一，有利于达到高水平的专项运动成绩。

第二，学生能够承受（即运动负荷的可接受性）。

第三，能够促使学生各种能力产生正向变化。

第四，运动负荷量与强度要有适宜的比例。

第五，运动负荷安排的节奏要保证课与课之间的衔接，能产生后续效应，还要能保证学生训练水平的提高。

（二）合理安排运动负荷的注意事项

在训练中加大运动负荷本身不是目的，只是提高学生训练水平的一个手段，运动负荷大小是相对的，不是越大越好。"极限负荷"不是固定指标，而是因人而变化的指标。教师只有经过实践和科学研究，掌握资料，才能准确确定学生的极限负荷量，安排合理的运动量。

教师若想合理安排运动负荷，应注意以下几点：

1.掌握好运动负荷与恢复的关系

没有运动负荷就没有训练水平的提高，同时没有恢复，也就没有可能安排新的运动负荷。只有机体在承担一定的运动负荷后，得到适当的恢复，消除疲劳，机体能力才能逐步得到提高。所以每次训练课的运动负荷安排应在学生得到恢复的基础上。两次训练课之间的间歇时间不能过长，也不能过短。时间过长，学生所获得的机体适应性变化以及所掌握的技术的良好状态就会消失；时间过短，学生的疲劳就会逐步积累，甚至会产生过度疲劳，影响运动成绩的提高。

若训练课的运动负荷量大，则学生恢复和超量恢复需要的时间就长，训练课的间歇时间可短些。运动负荷的性质不同，所需要的恢复时间也有所不同。

教师要采取积极有效的科学恢复手段，促使恢复过程加速。

2.逐步有节奏地增加学生负荷

逐步有节奏地增加学生负荷，要求无论是体育训练强度还是体育训练量的增加总要遵循从小到大的原则。当运动负荷保持在一定范围内，机体的应激以及随之产生的一系列变化，都会保持在适度范围内。运动负荷的量越大，对机体的刺激越深，所引起的应激也越强烈，机体产生的相应变化也就越明显。逐步有节奏地增加学生负荷，有助于提高学生对负荷的适应能力。

3.适当搭配负荷量和负荷强度

在训练过程中运动负荷的安排一般呈现一种波浪起伏的变化，运动负荷的量与强度通常有三种搭配形式：①增加运动负荷量，提高运动负荷强度；②提高运动负荷强度，减少运动负荷量；③增加运动负荷量，降低运动负荷强度。进行大负荷量单调的训练，容易抑制大脑皮质活动，还容易使尚未定型的动作变形，对学生技术的提高是不利的。只有运动负荷量适宜，学生在每组训练后有足够的时间来休养，才有充足的体力来完成下一组训练，才能保证动作的质量。

教师应根据项目特点和具体任务安排运动负荷量。例如，短跑强度大、时间短，运动负荷量应适当减少。

在训练中，如果学习新技术，则负荷强度不宜过大。在新技术的学习过程中，学生难免会出现这样或那样的错误，练习密度较低，从而影响练习负荷。如果主要任务是发展某一身体素质，则负荷的量和强度都应加大。例如，耐力素质的训练，应在每组练习后机体还没有完全恢复的时候就让其进行下一组训练。对于比赛前期的训练，教师应模拟比赛负荷的特点重点进行专项强度训练。

第三节 科学化体育运动训练的策略

一、避免强烈日光的过度照射

日光中有紫外线，过度照射容易导致皮肤出现黑斑、皱纹、老化，甚至引起皮肤癌。学生在进行室外运动时，要避免强烈日光的过度照射，防止紫外线对自己造成伤害。当学生在强烈的阳光下活动时，教师可以提醒学生戴遮阳帽或太阳镜，以减少太阳射线对头部和眼睛的直接照射，或者提醒学生抹一些防晒霜以保护皮肤。

二、注意天气和衣着

大雾天气不宜进行体育训练，因为雾中多含有尘埃、细菌和其他有害物质。

服装能保护人体免受外界环境的各种不良影响。服装的保温性、透气性、吸湿性等，均具有重要作用。因此，运动时穿的衣服要轻便、舒适。

鞋子尺寸应合适。从卫生学的观点看，运动鞋应当轻便、富有弹性，具有良好的透气性。另外，袜子应当透气良好，吸汗性强，而且干净、柔软、富有弹性。

三、注意训练后的保暖和洗浴

在剧烈运动后，机体的免疫力有所下降，这时如果不注意保暖，各种病毒、细菌就可能会乘虚而入。因此，学生在训练后应赶快穿好衣服，不要等身体感觉到寒意以后再穿。

在体育训练后，洗澡不仅可以保持皮肤的清洁卫生，还能使神经系统的兴奋性降低、体表血管扩张、血液循环加快，从而降低肌肉紧张程度，加快机体新陈代谢，有利于机体内营养物质的运输和疲劳物质的排除，提高机体的睡眠质量。

在训练后进行温水浴是消除疲劳的好方法，水温以 40 ℃左右为宜，时间为 10～15 分钟。在体育训练后不能立即进行冷水浴，否则不仅不能消除疲劳，还容易引发各种疾病，严重的会当即休克甚至死亡。训练后如果立即进行冷水浴，就会使皮下血管迅速收缩，热量散发不出来，机体就会因热量积聚而发生代谢紊乱，从而影响机体健康。

四、加强学生体育精神的培养

体育训练是一个长期的过程，需要循序渐进、持之以恒，更需要有良好的体育精神来支撑。体育精神主要包括体育信念、体育情操等，学生在进行体育训练的过程中所表现出来的顽强拼搏、坚韧不拔、团结协作、公平公正等精神都是体育精神。这些体育精神直接影响体育训练的效果，体育教师应在体育训练过程中逐步培养学生的体育精神。教师在进行体育训练活动时，不仅要对学生的技术动作进行点评、指导，还要注重学生体育精神的培养，将心理训练内容巧妙融入教学过程中，引导学生深刻领悟体育精神，使学生能够始终以良好的心理状态参加体育训练，从而有效提升体育训练的效果。

五、优化体育训练方法

由于成长环境、身体素质、性格特征、家庭背景等因素的影响，学生在体育训练中，往往会表现出明显的差异。因此，教师应该坚持通过因材施教的方法进行教学。教师需要先对学生的兴趣爱好、身体素质、学习能力等情况进行全面调查与分析，然后以此为依据，有针对性地设计体育训练活动方案，以尽可能发挥每一名学生的体育运动潜力，争取实现所有学生的个性化发展。另外，学生往往已经具有较强的自我意识和竞争意识，因此教师可以积极开展具有较强竞技性的体育训练活动，这类活动可以让学生在紧张的氛围中感受到体育运动的魅力，从而促使他们迸发出更大的训练热情，进而使他们在竞技性体育训练中，逐渐形成良好的体育品质与运动习惯，实现综合素质的提升。

六、完善体育训练设施设备

完善的设施设备能够为学校体育训练活动的顺利开展提供重要的硬件保障，同时它们也是影响学生运动损伤发生概率的重要因素。因此，学校应该积极落实体育训练设施设备的完善工作，积极地购置更多种类的体育器材，对已经损坏的体育训练设施设备要及时进行维修，对陈旧的设施设备要做好更新工作。

体育馆应有完善的通风和照明设备，光线要柔和、均匀、不炫目，应经常开窗通风换气。体育馆内应保持清洁、卫生，馆内应设有更衣室、温水淋浴室和厕所等。体育馆地面要平整，不能有碎石杂物，空中也不能有悬挂物，以免发生碰撞和损伤。

各类体育器械的要求如下：

田径运动：投掷用的各种器械表面要光滑，无破裂处，无泥土；器械的重量和大小要符合训练者的年龄和性别等特点。

体操运动：体操用的各种器械，如单杠、双杠等，表面要光滑，安装要牢固，落地处应放置体操垫。在上器械前，学生可在手掌上抹些镁粉，目的是加大摩擦力，以防脱手而引起事故。

球类运动：使用的球必须符合规定标准。在练习或比赛时，学生应充分利用保护装置，如护腿、护膝等，这样可以防止运动损伤。

干净平整、硬度适宜的训练场地对学生的训练效果与训练安全都十分重要。因此，教师在体育训练过程中，应该尽可能地选择干净平整、软硬适中的场地，以避免学生出现摔伤、跌伤等，从而为体育训练活动的开展提供良好的安全保障。

运动场地周围应合理栽种各种树木，这样可以改善空气质量。室外篮球、排球、网球场等，场地须结实平坦。足球场最好是草皮场，要求保持平整、结实而富有弹性。在跳远坑里，应垫上干净的沙子，使用前应将沙子掘松，用耙子理平。投掷标枪、铁饼、铅球的区域，地面要平整，铁饼投掷区应三面围上铁丝网。游泳池要符合标准，水质要过关。

七、提高教师自身的综合素质

在体育训练活动中，教师扮演着引导者和组织者的角色。教师个人综合素质的高低对体育训练活动的效果起着至关重要的作用。因此，学校有必要加强教师综合素质的培养，争取建设一支专业素质高、综合能力强的教师队伍，来支持体育训练活动的开展。就具体的操作措施而言，对外，学校应该坚持采用科学的教师招聘制度；对内，学校应该加强并有计划地对在校教师开展培训，使他们能够满足当下的教学要求。这样，学校的体育教师队伍才能不断得到优化。此外，学校还应该积极引入竞争与淘汰机制，通过优胜劣汰的方法使教师产生危机感，以激励教师自觉强化自身的综合素质。

第四节　体育训练实践——以足球为例

足球运动是一项主要以脚完成技术动作、两队互相对抗、以攻入对方球门多少判定胜负的球类运动。

现代足球起源于英国。1863 年 10 月 26 日，英国成立了世界第一个足球组织——英格兰足球协会，并制定了统一的足球规则，这一日也被公认为现代足球的诞生日。1904 年 5 月 21 日，法国、比利时、丹麦、荷兰、西班牙、瑞典、瑞士等 7 个国家共同创立了国际足球联合会。随后，世界各大洲的足球联合会也相继成立。

一、足球运动技术训练

（一）传球和接球技术训练

1.传球技术训练

传球技术是足球运动中比较基础的运动技术。传球的重要性是显而易见的，个人的技术再高，如果没有一定的传球水平，很容易就会被对手包夹，造成失误。任何团队的战术执行都需要传球来支撑，基于这一点，每个足球运动员都应该熟练掌握传球技术。传球的质量在一定程度上也决定了进攻的成功率与防守的质量，在足球比赛的过程中，学生在传球时需要注意的方面主要有以下几点：

第一，学生应秉承简捷、快速的宗旨。

第二，后场是整个场区中比较危险的地带，进攻学生在后场传球的时候要尽量避免横传或者回传球，尤其是在天气条件不佳的时候，更加应该注意，以保证传球的成功率。

第三,在传球的时候,学生需要对周边的站位有一个清晰的认识,能够预见其他学生的走位以及进攻路线;在掌握了一定的传球技术之后,要尽量减少盲目传球,在保证成功率的基础上传球。

第四,在传球的时候,学生需要时刻注意假动作的运用,可用假动作迷惑对方,以此来达到躲避对方堵截的目的。

2.接球技术训练

（1）腹部接球训练

在激烈的比赛中为了抢点控制球,学生根据比赛的需要可以使用腹部接球。

①用腹部接平空球。当来球比较突然并且和腹部同高时,接球者应先挺腹,在腹和球接触瞬间迅速含胸收腹,将球接下来。

②用腹部接反弹球。在用腹部接球的时候,接球者一定要用身体正对来球的方向,并以适当的速度进行跑动,根据来球的方向和速度对球的落点有一个清晰的判断,在接球的瞬间,身体稍向前倾,腹部对准落地之后反弹起来的球,提前保证腹部肌肉的紧张程度,避免受伤,然后压着球向前移动;同时也可以在来球的一瞬间,将身体向侧面转动,从而改变球运行的方向,将球导向同伴的方向。

（2）脚内侧接球训练

①接地滚球。接球者支撑脚脚尖正对来球,膝关节微屈,同侧肩正对来球;接球腿提膝,大腿外展,脚尖微翘,脚底基本与地面平行,脚内侧正对来球并前迎;当脚内侧面和球接触的一刹那迅速后撤,把球接在脚下。

②接反弹球。在接反弹球时,接球者应该提前对球的落点进行判断,并冲破一切阻拦来到球的落点位置;然后支撑脚踏在球的落点的侧前方,上体稍前倾并向停球方向微转,停球脚提起屈膝,脚尖稍翘,脚内侧对准球的反弹路线;当球落地反弹离地瞬间,用脚内侧轻推球的中上部,进行下一动作。

③接空中球。在进行接空中球训练的时候,接球者需要根据来球的速度、

球运行的轨迹等及时快速地移动至正确的位置。如果来球的位置比较高，接球者则应该适当抬腿向前迎接来球，使脚内侧接触球，缓缓将球引到地面上，在这个过程中要注意保持身体的平衡，将身体的重心放在支撑腿上。

（3）胸部接球训练

胸部接球是接高球的一种好方法。胸部接球包括挺胸式和收胸式两种方法。

①挺胸式。面对来球，接球者两脚左右或前后开立，两膝微屈，重心置于支撑面内，上体后仰，下颌微收，两臂自然张开，维持身体平衡。在接触球的瞬间，接球者膝关节伸直，两脚蹬地，胸部轻托球的下部使球微微弹起于胸前上方。

②收胸式。这种接球方法多用于接齐胸高的平直球。面对来球，接球者两脚左右或前后开立，两臂自然张开，挺胸迎球，触球瞬间收胸、收腹、臀部后移，将球接在体前。若需要将球接在体侧，则接球者需要在触球瞬间转体将球接在体后相应的一侧。

胸部接球练习方法如下：

第一，两个人一组进行互抛互接练习，根据来球方向迅速跑动，用正确部位触球。

第二，两个人一组互抛平直球进行反复练习，体会收胸收腹时机。

第三，两个人一组相距 15～20 米进行互传互接练习，根据传球情况，分别采用挺胸式或收胸式方法接球。

（4）脚背外侧接球训练

脚背外侧接球的特点是动作幅度小、速度快、灵活机动、隐蔽性较强，但动作难度较大，接球时常伴随假动作和转体动作，适用于接地滚球和反弹球。

①接地滚球。在观察好周边情况之后，接球者根据来球的方向和速度，判断球的落点，尽早选择支撑脚的位置，并根据场上比赛的情况，运用一些合适的动作或者方法技巧进行接球。

在做接球动作的时候，接球者应屈膝，踝关节向内侧翻，用脚背抵挡来球；

当球临近的时候，接球脚以脚背的外侧来推拨球的相应部位，最终将球控制在恰当的位置上，继续进行下一动作。

②接反弹球。在接反弹球的时候，接球者应当判断好来球的落点，先一步抢占有利的接球位置，或者利用假动作来欺骗对手。接球腿的小腿应该与地面形成一定的夹角，同时膝关节做适当幅度的扣压动作，以防球的反弹。

脚背外侧接球练习方法如下：

第一，利用足球墙进行练习。在利用足球墙练习脚背外侧接地滚球时，个人距离足球墙5～8米，踢地滚球并等球弹回来，用脚背外侧接地滚球，由开始原地接逐渐过渡到迎上去接。

第二，两个人一组面对面站立，相距8～10米，一人踢地滚球，一人用脚背外侧接地滚球练习；由开始原地接，逐渐过渡到迎上去接，再逐渐过渡到向两侧接球。

第三，个人将球踢高，然后进行接反弹球练习（或用手抛起后练习）。

第四，两个人一组面对面站立，相距8～10米，一人抛高球，一人用脚背外侧接反弹球，由开始原地接逐渐过渡到迎上去接，再逐渐过渡到向两侧接球。

（5）腿部接球训练

根据来球高度的不同，腿部接球可分为接下落高空球与接略高于膝的低平球两种。

①接下落高空球。接球者身体正对来球，选好支撑脚位置并稳固支撑，接球腿屈膝上抬，以大腿中前部对准来球；触球瞬间，接球腿积极引撤下放，接球部位的肌肉相应放松，以加强缓冲效果，使球触腿后落于体前。

②接略高于膝的低平球。面对来球方向，接球者根据来球的高度，接球腿大腿微屈，送髋前迎来球；当球和大腿接触瞬间收撤大腿，使球落在相应的位置上。

（6）脚背正面接球训练

在进行脚背正面接球训练的时候，接球者需要对球的落点做出预判，在球下落之前及时赶到落点，使自己保持正确的站位。一旦球碰触到脚背的正面，接球腿就要随球下降。这个时候膝关节、踝关节与脚趾等都需要有一定的紧张度，脚尖稍稍翘起，把球接到最恰当的位置。

3.传接球技术训练

（1）跑动中传接球训练

跑动中传接球训练要求两个人一组，共用一球，在特定空间范围内进行跑动训练。在接球的时候，学生要想提高接球技术，一定要使用多种接球方法，这在一定程度上也要求传球学生抛出各种各样的球，在球速、传球距离、传球方向以及传球力量等上都要有所变化。

（2）抛接球训练

抛接球训练要求两个人面对面站位，相距5米左右，一名学生用手向另一个学生抛球，另一名学生可以用胸部、腹部、大腿和脚进行接球。随着训练的深入，抛球学生可适当改变抛球的距离以及抛球的力量，更加全面地锻炼接球学生的接球能力。

（二）颠球技术训练

颠球技术就是学生用身体的多个部位连续对球进行控制和接触，并且保证球不落地。根据接触球部位上的差别，颠球技术可以分为头部颠球、脚内（外）侧颠球、挑球、大腿颠球、肩部颠球、正脚背颠球等。

1.头部颠球训练

在进行头部颠球训练时，学生两脚开立，约与肩同宽，膝部自然微屈，头部上仰，用前额部位连续顶球的下部。在顶球时，学生要注意用力不要太大，并且要始终保持两眼注视球。

2.脚内（外）侧颠球训练

（1）脚内侧颠球

学生支撑腿的膝关节要稍微弯曲，身体的重心也要移至支撑腿上，另一只脚的内侧向上摆动，击打球的下部。学生可以用双脚的内侧交替进行击球动作，也可以用单脚的内侧连续击球。

（2）脚外侧颠球

学生动作方法与脚内侧颠球相仿，只是改脚内侧为外侧，在提脚颠球时，脚由外往上提起。

3.挑球训练

挑球就是将自己的支撑脚踏在球的侧后方25～30厘米处，膝关节稍微弯曲，将身体的重心前移至支撑脚上，执行挑球的脚放在球顶部，小腿微弯，将球轻轻向身体部位方向拉动。一旦球被脚掌拉动，脚掌就应迅速向后用力，给球一个加速度，球在具有一定的加速度之后，就能通过惯性滚至脚背，此时大腿迅速内收，学生要用脚背将球轻轻挑起。

4.大腿颠球训练

当球马上要下落至大腿抬起平行于地面的位置时，学生抬腿屈膝，利用大腿的中前部位向上击打球的下部，双腿交替击球；也可以用一只脚进行支撑，用另一侧大腿进行连续击球动作。

5.肩部颠球训练

学生双脚左右开立站位，将身体的重心移动至中间位置，双臂自然下垂或稍屈肘。当球下落到接近颠球一侧的高度时，颠球一侧的肩部向上耸立，击打球的中下部位，迅速将球向上颠起。

6.正脚背颠球训练

在进行正脚背颠球训练的时，学生需要双脚交替向上摆动，用脚背进行正面击球。在触球时，要注意踝关节的紧张度，用脚背击打球的下部。由于摆腿或者球受力方向会改变，一旦触球会使球产生一定的内向旋转，因此在进行颠球训练的时候，学生不仅可以用双脚交替进行颠球，而且可以用单脚支撑，单脚颠球。

（三）踢球技术训练

1.踢地滚球训练

通过适当的观察，学生可判断来球的方向与速度，调整好自身的角度，进一步根据来球的方向确定支撑脚位置的变换。在进行踢地滚球训练的时候，学生一定要学会尝试接受多个方向的来球，包括正面、侧面以及侧后方的来球。在日常的踢地滚球训练过程中，教师还可以适当增加一些训练的条件，比如在接球的时候必须规定好所使用的脚法与站位方式等，让学生根据场上来球方向、速度的不同选择恰当的方式进行接球。

2.无球模仿训练

在进行无球模仿训练时，学生要全面发挥自己的想象力，假设地面上有一个足球，并想象出球的位置，然后向前迈步做踢球动作，随着对原地踢球动作的逐渐掌握，可慢慢过渡到模仿慢跑踢球动作，随着时间的推移与动作熟练度的增加，最后可做快速助跑踢球的模仿动作训练。在进行无球模仿训练时，学生一定要充分发挥想象力，想象球真正摆放在自己面前，并且在模仿踢球动作时，适当保持脚踝部位的肌肉紧张，使脚能够固定在一个正确的位置上。这有助于防止脚踝受伤，也有助于今后的实球训练。

3.各种脚法的二人训练

无论是传球射门训练还是其他形式的射门训练，在进行训练的过程中，学生都可以找一名同伴进行两个人的训练。两个学生在进行踢定位球训练的时候，可以穿插进行适当的接球训练；在进行踢球训练时，可以穿插进行适当的踢定位球的训练。交替训练两种踢球方式，不仅能够增加学生训练的乐趣，还能达到较好的运动训练效果。

4.踢固定球训练

学生两人一组，一人把球踩在脚下，另一人用脚的不同部位踢球，体会脚的触球部位。

5.对墙踢定位球训练

在进行对墙踢定位球训练时，学生要面对墙壁，把球放在地面上，然后利用助跑动作，逐渐靠近球，将球踢出。在刚开始训练的时候，学生离墙的距离不要太远，一般以5米为宜，用力不要太大，争取将球踢出去之后能够用手接住。如此反复练习，当达到一定熟练度后可以逐渐拉大球与墙之间的距离，然后逐渐加大踢球的力度。

对墙踢定位球训练的主要目的是使学生体会到踢球的整个过程，使学生掌握基本的踢球技术。随着练习的不断深入，学生可以将地滚球逐渐变成半空球，以达到熟练运用各种踢球技术的目的。

6.射大球门训练

在进行射大球门训练时，学生需要在罚球区，在自己与球门之间插上两个小旗做标志。学生第一步需要做的就是用脚抽射，使球绕过中间的小旗进入门内（此时不规定从小旗的哪一侧进行抽射，也不对学生的脚法做任何规定）。随着训练程度的不断加深，体育教师可让学生进行小旗左侧抽射进门和小旗右侧抽射进门等，逐渐加大训练难度，这能在一定程度上提高学生的实战能力。

7.利用足球墙和标杆做踢旋转球的训练

体育教师可以将标杆插在学生与墙之间。标杆与学生、墙之间的距离需要根据学生的实际情况来定。在训练初期，学生可适当增加一些距离；随着训练的逐渐加深，学生可慢慢缩短距离。在训练的过程中，学生可以利用足球墙进行各种训练。尤其对于初学者来讲，使用足球墙进行训练能够保证在同样的时间内练习的次数更多，并且对集中掌握各种足球运动技术有很大的帮助，同时也能提高球感。

二、足球运动战术训练

在足球运动中，战术的重要性是有目共睹的，战术的成功与否对足球比赛的胜负具有决定性的作用。所以，在进行足球运动教学的时候，教师一定要加强学生对足球战术的理解，使学生的足球水平得到进一步提高。

（一）个人战术训练

1.个人进攻战术训练

（1）传球

传球在足球运动中是极其重要的。能够完成战术执行的最基本要求就是保证传球的质量，如果想传出一些质量比较高的球，学生不仅要掌握正确的传球技术，还要选择好传球目标，把握好传球时机。

①传球目标的选择。在比赛中，传球一般分为空当传球和脚下传球两种方式。向前方空当传球的威胁性是比较大的，但是成功率并不高，容易受到对手的干扰。为了全面掌控比赛的节奏，同伴之间最好还是进行一些横向的传球，从这个角度出发，就需要将脚下传球和空当传球两种方式进行有机结合，只有将多种传球方式相互结合，才能够迷惑对手，取得最佳的战术效果。当然，比赛场上什么情况都可能发生，学生需要根据具体的情况进行适当调整。

②传球时机的掌握。能否掌握好传球时机，将直接影响传球的效果以及战术使用的效果。比赛中传球的时机主要包括以下两种情况：

第一，持球人在发现对手出现空当之后要马上传球，并指挥相应的接球人调整位置，做好接球的准备。实施该战术的意图有进行转移进攻、快速反击等。在传球的时候，学生速度一定要快，动作也一定要迅速，在接近球的时候进行适当加速，否则被对手识破之后，进攻节奏就会被打乱，战术执行也会有较大难度。

第二，跑位在先，传球在后。也就是说当同伴主动跑向某一个空当的时候，持球学生应当马上向该同伴传球，如果同一个接球的位置上出现了好几名接球同伴，那么持球学生应当选择这几个人当中站位最有威胁性的人传球。

（2）运球突破

所谓运球突破，就是进攻球员全面运用个人的技术来突破对方的防守，创造出对本方更加有利的进攻机会。运球突破是威胁性很高的个人战术，也是难度比较大的个人行动。一般来讲，一个成熟的球队对前腰、前锋以及边锋的能力要求都会比较高。

运球突破的条件是很重要的。运球突破对比赛的意义是非常重大的，但是这种进攻方式也需要满足一定的使用条件，只有在恰当的时机使用运球突破战术，才能真正发挥出它的威力。如果进攻方不分场合与时机，一味进行运球突破，则不仅很难实现进攻的效果，而且对战术的执行会有很大的阻碍。

在出现以下几种情景时，学生可以运用运球突破：

第一，本队进攻学生在前场得球后身边并没有队友及时跟上接应，此时应果断选择运球突破。

第二，当在中、前场得球，对方采取越位战术，同伴又处于越位位置时，此时控球学生应选择运球突破。

第三，当控球学生在对方罚球区附近，而防守学生身后又有空隙，突破后即可射门时，应该大胆突破。

第四，当控球学生在对手紧逼盯抢下失去传球角度时，应果敢地向前突破。

第五，当控球学生处在一对一的情况下，一旦突破即可传中或从中路长驱直入逼近对方球门时，应大胆运球突破。

在采用运球突破时，需要注意的方面包括以下几点：

第一，一般防守人都是背对球门的，当进攻学生在适当时机获得了进攻的机会，防守学生需要补防的时候，防守学生首先要做的就是转身。这个时候，进攻学生就要抓住机会，充分利用自身的速度优势，最大可能地突破对面学生的防守。

第二，把握稍纵即逝的有利时机。最佳的突破时机就是当对面的防守学生距离控球学生一米也就是一大步左右时，拦截的对手正处于一种犹豫不决或者正试图与自己夺球的一瞬间。

第三，学生一定要有过硬的控球技术，时刻掌握球的动向，只有这样才能做到随时准备突围，即使无法突围，也能保证球不被对方拦截。

第四，学生要有过硬的突破技巧，能够做到随机应变，根据对方的防守状况，掌握有利时机，迅速突破对方防守。

第五，在准备突破对方的防守时，学生一定要果断迅速，一旦成功，就要迅速传球，如果能射门就要把握时机立即射门。

（3）跑位

在一场足球比赛中，除了控球学生和双方守门员，其他学生都在跑位。所谓跑位，就是学生在不持球的时候，通过有目的的跑动寻找有利位置或空当，以帮助己方得球或威胁对方射门。

跑位在比赛中是很常见的，进攻方在进攻的过程中基本都是以跑位串联整个比赛的。这种无球跑动有助于打乱对方节奏，为本方争取到更加有利的进攻机会。

①跑位战术的基本内容。跑位并不是漫无目的的，跑位的方法也不是单一的，根据赛场上的状况，跑位可分为变向跑、加速跑、突然启动跑多种。在跑位的过程中，球员最重要的就是及时抓住有利时机，确定想要通过跑位到达的位置以及正确的方向。跑位战术的内容具体包括以下几点：

第一，敏锐观察。在比赛的进程中，本方球员如果得到了球权，本方的作战形式就会发生由守转攻的变化，无球球员需要做的就是通过适当的观察，了解球所在的位置、出球的角度等，随后，根据队友的站位以及对手的站位进行适当的跑位和传球。同时，观察对方球员给本方球员制造的所有障碍，随时根据赛场上的变化进行相应战术调整，是十分必要的。球员的观察能力往往在一定程度上能够对比赛起决定性作用。

第二，有明确的跑位目的。在整个足球比赛过程中，无球球员的跑动需要有明确的战术目的，即使球员的身体素质非常好，没有明确的战术目的，也难以取得较好的成绩。跑位的战术目的具体包括以下几点：

一是接应。当己方球员处于控球状态时，无球球员就要通过跑位接近控球球员，通过以多打少的方式突破对方的防守，进而达到射门的目的。

二是摆脱。当双方处于一种僵持状态时，无球球员首先要做的就是冲出或避开对方的防守。当对方采用紧逼战术时，接球球员就要采取相应的方式进行躲避，可以进行忽快忽慢、忽前忽后的跑动，以此来摆脱对方的防守，接受同伴的传球。无球球员如果站在原地不进行跑动，就很难得到同伴的传球，对整个比赛造成的影响也会比较大。

三是切入。足球比赛是一项相互配合的运动，处于跑位状态的球员若发现己方的控球球员为了突破对方的防守而想要将球传向对方球员之间或对方球员背后的空当位置时，要及时跟进，以便己方继续控球，掌握主动权。

四是拉开。一旦确定控球权，球员要及时拉开与对方的距离，适当的距离不仅有利于控球球员的转移，还有利于控球球员组织进一步的进攻甚至射门；或者是本方全部拉开，给对方制造一种视觉上的错位感，并适时寻找进攻的战机，一旦对方出现空当，就立刻发动进攻。

五是传球后立即跑位。控球球员传球给同伴之后马上就会变成跑位球员，所以控球球员在完成传球动作之后应该马上进行跑位，只有这样整个队伍才能够在流动中进行协调一致的配合。一个流动性比较大的足球队伍，在比赛中更容易取得胜利。

第三，选择正确的跑位方向。对于双方球员来讲，对方的罚球区是发动进攻的重要区域，是获得射门机会的重要区域，在跑位的时候要把握好罚球区的跑位方向。

第四，掌握跑位时机。要想正确把握跑位时机，球员之间就要默契配合，不管是跑位球员还是控球球员，默契程度越高，达到的效果也就越好。要想培养这种默契，就要做到两点：一方面，掌握控球权的球员在传球过程中，要时刻关注自己周围己方球员的跑位情况并选择恰当的时机进行跑位，同时要在视线范围之内选择一名跑位最优的球员；另一方面，跑位球员在跑位过程中，要与控球球员进行目光交流，善于发现空当，找到合适的机会，意会到控球球员的传球意图，同时控球球员在传球的过程中也要时刻保证传球的隐蔽性。

②创造和利用空间的跑位。关于创造和利用空间的跑位，主要有以下几种情况：

在 30 米×20 米方格区域内，设一个活动球门，在该区域中共有 6 名球员，如图 6-1 所示。最初，由于技术的生疏，防守可以适当松些，在技术熟练后就要与实战一致。进攻者也可适当调整，如①③号球员相交时做交叉配合，①③号球员相向移动时，①号球员向空当做反方向传球，②号球员接球后进行射门，①③号球员进行包抄。

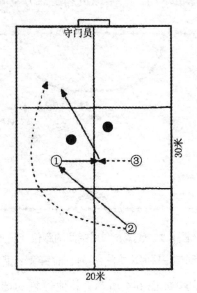

图 6-1　创造和利用空间的跑位（一）

如果控球者在跑动过程中，防守者并没有及时跟随，这个空当就是传球的最佳时机。如图 6-2 所示，③号球员就是利用了这个空间。

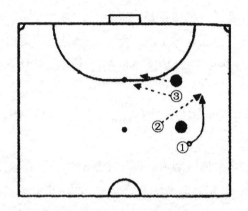

图 6-2　创造和利用空间的跑位（二）

如果跑动并牵动防守跟随移动，那么所创造的空间可由第一进攻者利用。如图 6-3 所示，②号球员牵动，①号球员利用前方空间下底。

图 6-3　创造和利用空间的跑位（三）

前锋和前卫配合创造和利用空间练习。前锋斜线跑动，能创造可被居后插上的前卫所利用的空间，如图 6-4 所示。其他位置的球员配合创造和利用空间的练习也可以根据本队的战术设想而设计。

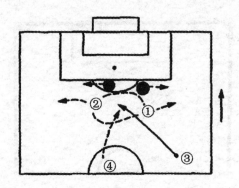

图 6-4　创造和利用空间的跑位（四）

③提高应变能力的跑位。需要注意的方面包括以下几点：

第一，运用突然变向摆脱对手。进攻者⑧号球员中速向右斜前方跑动，防守者⑥号球员紧逼时，⑧号球员突然而快速地转向左斜前跑，摆脱⑥号球员的紧逼，接⑨号球员的长传球进攻，如图 6-5 所示。

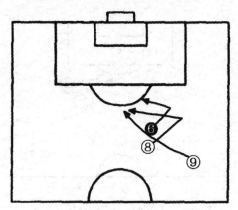

图 6-5　提高应变能力的跑位（一）

第二，运用突停或突启摆脱对手。这种摆脱的方法是进攻者在对方紧跟并根据进攻者的移动而移动时，运用突停做假动作，然后再快速跑动以摆脱对手。进攻者⑨号球员快速跑动，防守者③号球员紧跟不舍，⑨号球员突然急停，然后再快速摆脱③号球员，如图 6-6 所示。

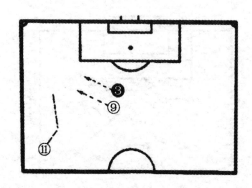

图 6-6　提高应变能力的跑位（二）

第三，运用先压后回摆脱对手。进攻者⑧号球员向前插上，准备接应同伴⑦号球员的传球。⑧号球员把防守者⑥号球员和③号球员吸引到一起时，便突然转身回跑，摆脱⑥号球员和③号球员的防守，接⑦号球员传来的球，如图 6-7 所示。

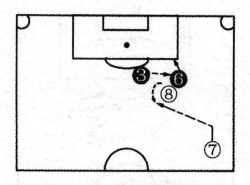

图 6-7　提高应变能力的跑位（三）

第四，运用反切摆脱对手。进攻者⑦号球员向回跑，准备接同伴⑥号球员的传球，把防守者④号球员引出，再突然转身切入以摆脱④号球员的防守，接⑥号球员的传球进攻，如图 6-8 所示。

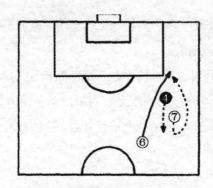

图 6-8　提高应变能力的跑位（四）

（4）射门

在一场足球比赛当中，射门成功次数多的一方取得胜利，因此所有人的战术配合，最终目的都是射门成功。所谓射门，就是在比赛过程中，一方球员将足球有目的地踢向对方球门的行动。

射门的方法与技巧是多种多样的，在比赛时根据场上的实际情况适时地选择射门的角度与力度是十分必要的。大力量进行射门看起来可能比较有威胁，但是射门的成功率并不一定高。

射门的注意事项主要有以下几点：

第一，力争抢点直接射门。在通常情况下，在一场足球比赛中，射门的时机通常是稍纵即逝的，因此球员一定要及时把握住，一旦出现射门的机会，就要力争直接进行射门。

第二，抬头观察。当然，射门也不仅仅是射门这一个动作，还要讲究射门的成功率。因此，在准备射门的时候，球员要迅速观察球门的位置以及对方守门员所站的位置，采用最为合适的射门方式，出其不意，迅速射门，提高成功率。

第三，沉着冷静。在准备射门的时候，球员一定不要盲目，也不要慌张，要看准时机，利用防守上的漏洞进行射门。在射门脚法的选择上，球员一定要选择自己比较擅长的，在保证射门成功率的基础上尽可能加大进攻力度，增加对方防守的难度。

第四，珍惜射门机会。在一场足球比赛当中，球员不管处于一种怎样的状态，都要找准时机，果断射门。

第五，及时跟进补射。足球比赛是一个团队运动，在球员射门的时候，距离球门较近的己方球员应该立刻跟上，当射门球员没有完成射门或者出现射门失误之后，跟进球员应找机会马上进行补射，这种补射从一定程度上讲并不是难度很大的技术动作。

2.个人防守战术训练

个人防守战术是局部防守战术和整体防守战术的组成部分。

个人防守战术主要包括选位和盯人两个方面。

（1）选位

在比赛中，由攻转守时，防守球员应立即选择最有利于防守的位置。防守球员在选位时要注意以下几点：

①要想在选位的时候获得比较恰当的站位，防守球员就应该在对手与本方球门中心所构成的直线附近选择，并且要拥有清晰观察场上双方球员活动情况的能力，对对手的站位和跑位都能够有清晰判断，对足球的移动方向以及球速都能够做到心中有数，确保球和人能够在自己的视线范围之内。

②防守球员在站位的时候一定要学会根据场上形势的变化以及对方进攻的路线进行相应调整，找到适合防守的最佳位置。

③在二防三的情形下，一名防守球员需要对持球球员进行紧逼，另一名防守球员则需要采用区域防守的形式进行防守，以此来保护紧逼的防守球员。

④在遇到对方以多打少的情况时，防守球员在没有把握抢断的情况下，一定不要盲目地上扑或者铲球，而是要将自己定位在两名进攻球员之间，堵住对方的传球路线，如图 6-9 所示。

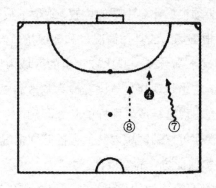

图 6-9 防守选位

（2）盯人

盯人就是在足球比赛的过程中，处于防守一方的球员，采用各种方法和技术，对对方球员采取的一对一盯防战术。这种战术的主要目的就是对对方球员进行有针对性的、严密的战术控制，最大限度地降低对方的进攻力度。在足球运动中，盯人战术的运用较为常见。盯人战术同时也是其他综合性战术的重要组成部分。在通常情况下，盯人战术可以分为紧逼盯人和松动盯人两种形式。

紧逼盯人就是防守球员不给进攻球员任何的活动机会，这种情况主要运用于禁区防守。松动盯人就是攻防之间有一个相对固定的距离，只要是在随时能够拦截或抢球的范围内即可，这种盯人方式主要运用于与对手距离较远的情况下。

防守球员在盯人时应注意以下几点：

第一，分清进攻球员的威胁程度。对离球或者球门较远又不可能接到球的对方球员，可采用松动盯人。

第二，对控球球员及其附近可能接球的进攻球员和本方罚球区附近的对方球员，要采用紧逼盯人。

第三，在盯人时，防守球员要始终处于启动状态，身体重心应稍低，切忌双腿站死。

此外，防守球员必须根据比赛中球的位置，站位于被盯者和本方球门线中点的连线上，并且要根据场上的具体情况，和球保持适当的距离。

盯人者在一般情况下都会在一些比较稳定的区域内根据所盯防对象采取一定程度的来回跑位，这也是现代足球比赛最为基本的要求。但是盯人者在进行防守的时候，肯定会出现这样或者那样的防守漏洞，这就要求盯人者在防守好自己位置的同时，观察可移动区域内其他人的防守情况，在条件允许的情况下及时进行补防，切实保证防守的有效性。

盯人者一定要注意观察周边的战术变化、局势变化等，保持高度的注意力，要对进攻者所要进攻的路线有一个明确的判断，提前准备，随时对被盯者进行干扰。

盯人者还需要随机应变。当同伴在防守过程中遇到一些比较难防的对手时，盯人者可以进行协防，执行围抢战术；当附近出现比较好的截击机会时，盯人者可以马上进行阻击。

（二）整体战术训练

1.整体进攻战术训练

整体进攻战术，是指参与进攻的人数较多、进攻面较广的战术配合。整体进攻战术主要有以下几种：

（1）快速反击

快速反击战术通常发生在对方全力发起进攻的时候，特别是当后卫压到中场的时候，防守人数会减少很多。所以，当进攻一方留下空隙时，防守方就有了可以利用的机会。防守方如果能够在这个时候抓住机会，将球断下，发动快速反击，就会给对方致命的打击，从而打乱对方进攻的节奏，变被动为主动。

快速反击的条件，主要有以下几点：

第一，任何一支足球队伍当中都要有一到两名"尖子"球员，其不管是在技术或速度方面，还是在突破能力和随机应变方面，都要有突出的条件。

第二，球员能迅速抓住赛场上稍纵即逝的反击点和突破口，及时反击。

第三，传球次数控制得当，尽量减少传球次数，增加传球的成功率。

第四，一旦突破，球员之间的配合要及时。

快速反击的时机，主要有以下几个：

第一，抢到对方的脚下球后。

第二，抢截到对方不准确的传球后。

第三，对方在进攻中犯规而被罚任意球后。

（2）边路进攻

随着人们对足球运动认识的不断加深，人们意识到球门的中路地带是对球门造成威胁最大的区域，所以在比赛过程中，人们会将注意力集中在球门中路的防守上，对两边路可能会适当放松防守（但是也不能完全放松）。在这种防守理念之下，进攻一方就有了机会，进攻球员可以在边路进行攻击。边路进攻通常是以下底传中或者内切传球的方式进行的，所以从这个维度上来讲，传球质量在一定程度上决定着边路进攻的效果。

在进行边线传中时，对时机的掌握是非常重要的。当最好的射门位置被己方球员占据或即将占据的时候，就是边线传中的最好时机。这时候，传球的球员要随着防守球员向球门方向跑动，传球要及时，速度要快。

（3）阵地进攻

阵地进攻是一种有组织、有步骤的全新进攻形式，通常发生在对方出其不意抢球的过程当中。这是一种更加谨慎的进攻打法。相对来讲，这种打法的稳妥性与准确性要比其他打法好。在一般情况下，只有那些战术素养良好、技术能力过硬的球员才能够在比赛中掌握进攻的主动权。

（4）中路进攻

中路进攻就是由中路球员所发起的进攻，一旦通过中路进攻的方式突破对方的防线，那么进攻威胁是非常大的，获得的射门机会也是非常多的。但它的缺点也很明显，那就是这一区域通常是防守的重点区域，对方可能会安排多名球员在此进行防守，突围的难度较高。总体来讲，中路进攻是所有进攻战术中威胁性最大的一种，同时也是对个人技术和团队配合能力要求最高的一种进攻战术。

2.整体防守战术训练

（1）任意球防守

在进行任意球防守时，球员要注意以下几点：

①要争取时间。球员要干扰对手发球，以争取时间组织人墙。

②要组织人墙。人墙的组织并不是随机的，排设人墙也是有一定要求的，具体要求如下：

第一，要根据罚球地点确定排墙的人数。

第二，人墙应封堵球门近角一侧。守门员主要防守球门远角一侧，并应看清楚罚球者和球。

第三，人墙不宜离球太远，以免影响封堵的角度。

（2）人盯人防守

人盯人防守就是指在一个足球队中，所有人在赛场上都有固定的盯防对象，自由人除外。该战术的特点就是比赛中每一位进攻球员无论是身体上还是心理上都会有一定压力。但是从这些年的足球比赛中不难发现，人盯人防守正在逐渐淡出历史的舞台。

在进行人盯人防守的过程中，需要注意的方面包括以下几点：

①球员和盯防对象之间的作战能力要匹配。

②相同球队的球员之间要相互配合。当一人的盯防出现失误时，附近的球员要在不影响比赛的情况下，机动灵活、反应迅速地补充盯防工作，以保证整个队伍防守的严密性。

③足球运动是一项非常消耗体力的运动，尤其是在防守的过程中，防守球员要在全场范围内不停歇奔跑和逼抢，因此合理分配体力对每一位防守球员来说都是比较重要的。

（3）区域盯人防守

区域盯人防守就是在一场足球比赛当中，不同的球员有其固定的防守区域，其活动范围也仅限于这些防守区域。当进攻球员进入某位防守球员负责的区域的时候，紧盯这位进攻球员，对他将要采用的所有进攻方式进行防御就是防守球员的主要任务。区域盯人防守明确了每个防守球员的任务，但是这并不意味着要放弃团队之间的协作，当某人防守失败时，邻近的球员应该马上进行相应补位，被进攻球员突破之后，防守球员应该马上换位，最大限度地保证防守的有效性。这种防守方式的缺点就是球员之间的分工不像人盯人防守那么明确，这会给进攻方带来机会。

（4）混合防守

混合防守就是采用人盯人防守与区域防守相结合的方式进行的防守，在比赛的过程中混合防守可以采用后腰盯人，其他球员进行区域防守的方式，或者是指明某一位球员进行盯人防守，其余球员均进行区域防守的方式。

当采用混合防守时，防守方要注意以下几点：

第一，丢球即抢或迅速封堵。

第二，局部紧逼，相互保护，及时补位。

第三，夹击和围抢。

第四，层层设防，保持队形。

第五，切忌在罚球区域或其附近犯规。

第六，重点盯住进攻的组织者和攻击手。

第七，制造越位。

在一般情况下，根据战术的需要合理使用混合防守方式是十分必要的。当对方的进攻主要依靠两名前卫的时候，防守方就可以根据这种进攻方式，采用对两名前卫进行紧盯的方式，其余人则可以采用区域盯人的方式进行防守。

第五节 体育训练实践
——以羽毛球为例

在羽毛球训练中，战术训练是十分重要的，因此本节重点分析战术训练。

一、单打战术

（一）单打进攻战术和单打防守战术

1.单打进攻战术

（1）发球抢攻战术

发球抢攻战术一般需要三种发球技术，即发平高球、发网前球、发平快球，无论使用何种发球技术都体现了快与突然性的特点。如果在发球抢攻战术中，发出的球为高远球，那么对方会有比较长的时间进行移动，并且有回击高远球或平高球、放网的余地，这样一来，就不能够及时起到"抢"的作用。因此，为了掩盖发球抢攻战术的意图，学生在应用发球抢攻战术的同时，要根据对方球员的站位以及反应能力等进行灵活选择。

有效地运用发球抢攻战术能够打乱对方在这个回合的战术布置。特别是在比赛的关键时刻，发球抢攻战术的应用通常会起到出其不意的效果。

发球抢攻具有非常大的优势，主要是因为它的突然性。从这个角度来讲，这种战术的运用频率不宜过高，以防对方有心理准备直接在回击球的时候扑杀，并且学生在使用的过程中还要注意结合后场高远球，将对方的注意力全面转移至处理后场的高球上，在这个时候再以抢攻战术来击打对方，能够取得比较好的战术效果。

下面主要介绍发网前球抢攻和发平高球抢攻。

发网前球抢攻的发球落点一般有三个区域可供选择：1号位置区、2号位置区和1、2号位置之间区域，如图6-10所示。

这种发球的战术特点有两个：一是具有良好的突然性。在对方没有防备的情况下，加上球速较其他方式的网前球要快些，通常会使对手措手不及。二是具有良好的稳定性。因为球是冲着对方身体去的，所以能降低发球出界的可能性。

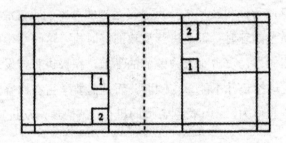

图6-10 发网前球抢攻的发球落点

在运用发网前球抢攻战术的时候，学生如果能够发出质量较高的网前球，就能够积极有效地限制对方的攻击，同时还可以准确、有意识地判断对方的回击球路，从而组织和发动快速、强有力的抢攻，直接得分或获得第二次攻击的机会。

发平高球抢攻的发球落点主要有两个：3号位置区、4号位置区，如图6-11所示。

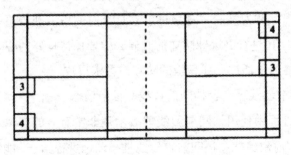

图6-11 发平高球抢攻的发球落点

（2）接发球抢攻战术

接发球抢攻战术是接发球战术中比较有效的一种战术，这种战术和发球抢攻战术有很大的相似之处，接发球一方可以在接发球的环节就率先进行抢攻。当对方的发球质量比较低的时候，一般就是接发球抢攻比较好的时机，比如在发后场高球的时候，球离底线还有一定的距离，发网前球的时候，球的弧度相对偏高等，这都能够制造接发球抢攻的机会。

在进行接发球抢攻时，学生一定要做好充分的思想准备，不要行事鲁莽，应结合自身的身体条件和技战术特点进行适当的调整。应该清楚的是，当对方没有发出高质量的球时，正是进行反攻的好时机，这时学生应运用自己擅长的技术去回击对方，攻击对方最薄弱的环节，积极进行接发球抢攻。在一般情况下，接发球抢攻并不能一击制胜，而是需要学生在比赛的过程中逐渐消耗对方的耐心和体力，一旦找到合适的机会，就快速发动进攻，扣杀对方，结束比赛。

2.单打防守战术

（1）后场底角高远球防守战术

后场底角高远球防守战术是打高远球至对方后场两个底角，以达到削弱对方进攻、夺回主动权或使对方前后场移动等目的而采用的一种具有针对性的战术行动。这种防守要求将球打得高远一些，尽量将球的落点控制在对方的底线附近。使用高远球而不是平高球的原因是平高球通常被当作进攻时使用的技术，高远球则是在防守的过程中才使用的技术。从一定程度上讲，高远球在空中停留的时间相对较长，球员能够在这个时间段内获得更多的时间来调整、回位和反应，在进行高远球防守的时候一定要保持良好的心态，避免焦虑、恐惧心理，最终力争通过更加积极的防守，寻求反攻。

（2）勾网前斜线球结合挡网前直线、推半场球

在防守的过程中使用勾网前斜线球战术是非常有效的战术之一，在这个基础上，将勾网前斜线球和挡网前直线或推半场球进行结合，能够使防守战术

变得越来越灵活，在一定程度上也能够起到迷惑对手的作用，让对方失去原有的进攻节奏。防守学生需要在对方出手前进行预判，在球出手以后快速反应、迅速启动，用稳健的步法并配合灵活多变的手法，打出挡直线结合勾斜线球，最终达到由守转攻的目的。

（二）单打战术训练

1.固定球路训练

固定球路就是把两项或者多项击球技术根据战术的要求进行重组，并且反复练习的方法。羽毛球初学者通常会运用这一方法进行简单的战术训练。固定球路训练能够将多种技术结合起来，使动作与动作之间有更多的连贯性，全面提高战术执行时的击球质量。但是这种训练方法一定要与其他方法进行良好的配合，只有将多种元素重新组合才能够真正保持较高的运动水准。

（1）高、吊配合训练

在进行高、吊配合训练时，可采用的训练法包括以下几种：

一是对角高球直线吊球训练法。甲乙双方在进行对角高球直线吊球的训练时，甲方由右场区发高远球，乙方回击对角高球，甲方也回击对角高球，乙方吊直线球，甲方放直线网前球，乙方挑直线高球，甲方回击对角高球，乙方再回击对角高球，甲方吊直线球，乙方放直线网前球，甲方挑直线高球，乙方回击对角高球，反复进行下去。发球者也可从左边发球，方法同前。

二是对角高球吊球训练法。甲乙双方在进行对角高球吊球的训练时，甲方从右场区发高远球，乙方回击对角高球，甲方吊对角线球，乙方挑直线高球，甲方回击对角高球，乙方吊对角线球，反复进行下去。发球者也可从左边发球，方法和顺序也是一样的。

三是直线高球对角训练法。甲乙双方在进行直线高球对角训练的时候，双方都可以同时训练直线高球和对角吊球，也可以对上网、放网以及直线挑高球进行训练，甲方击出一个直线高球的时候，乙方也需要回击直线高球，甲方回击直线高球，乙方吊对角球。如此往复循环，练习者的失误次数会明显减少，因为在训练的过程中，练习者对所有来向的球以及不同路线的球都已经进行了练习。

（2）高、杀配合训练

在进行高、杀配合训练时，可采用的训练法包括以下几种：

一是对角高球直线杀球训练法。具体球路与对角高球直线吊球相同。

二是直线高球和杀对角球训练法。在训练时，两名练习者可同时训练直线高球和对角杀球，以及挡球和挑球。

（3）吊、杀配合训练

在进行吊、杀配合训练时，可采用的训练法包括吊直线杀直线训练法、吊直线杀对角训练法、吊对角杀直线训练法、吊对角杀对角训练法。

2.不固定球路训练

在进行不固定球路训练时，可采用的训练法包括以下几种：

（1）不固定高吊训练法

不固定高吊训练法是高吊训练中的高级阶段的练习方法。这种练习法主要以"两点打四点"或"四点打两点"的方式进行，学生主要是在自己球场侧的中心点上进行前后、左右的移动，采用高球或者吊球的方式来控制对方的走向和站位，而对方球员只能将球回击至学生一方后场的两边。从这个角度来讲，这是训练高吊手法一致性的重要途径之一。这种训练对学生的判断、反应以及移动等能力的提升都有着不可估量的作用。

（2）不固定高杀训练法

①高杀对接高杀抢攻训练法。这是一种强攻训练法，学生既要练高杀技术，也要练抢攻意识。

②高杀对接高杀训练法。学生可以任意打高球，在来回高球多于三拍之后，寻找恰当的时机配以扣杀。如果对方打高球，学生还需要还击高球。在这种训练中，一方需要采用高杀进攻，另一方需要接高杀全场防守。

（3）高、吊、杀配合训练法

一般在学生的基本功和战术素养基本形成后，教师才会采用这种训练法进行训练。

3.多球训练

（1）多球对练法

学生可根据需要取 2～4 只球，当失误时，不用去捡球，而是将手中的球再发出去，以增加击球效率。

（2）多球训练法

所谓多球训练，就是学生需要通过回击两个或者两个以上的球来达到训练的目的。在进行该项训练的时候，教师需要取一箱球，根据训练的要求，采用不同的路线、组别、球数等，发球给练习者，并保证每组不超过 5 个人，每个人练习的球数不少于 15 个，以此来保证练习的效果。

二、双打战术

（一）双打进攻战术和双打防守战术

1.双打进攻战术

（1）发球战术

在羽毛球比赛中，双打比赛通常要比单打比赛更加激烈，节奏也会更快一些，因此在羽毛球双打比赛中，每一次的回击球和进攻球都有可能决定比赛的胜负。在双打比赛中，发球的作用是非常大的，如果第一次发球质量比较高，学生就会在接下来的比赛回合中占据很大的优势。进攻一方要运用自己擅长的进攻战术进行比赛，防守一方则需要根据对方的进攻战术特点来调整自己的防守策略。

（2）接发球战术

接发球战术的特点是"快、稳、变"。

快，是争取主动的关键。如果接发球落点稳定、线路俱佳，唯独没有快，那么即便前几个要素再好也很难在前几拍争得主动权。

稳，是取胜的前提。如果在接发球时不稳，失误率就会比较高，如此便会让对方轻松得分。

变，从一定程度上讲是取得比赛胜利的重要保证。如果对方的发球质量比较低，则学生需要用尽全力，发挥速度与力量的优势，将回球的落点控制在对方不经常想到的位置上，这也就是经常所讲的逆思维回球。如果对方发球的质量比较高，学生就可以先运用自己的战术应对对方的高质量发球，在这个基础上找回自己进攻或者防守的节奏。

（3）第三拍战术

在隔网的小球运动中，前三拍属于争夺胜负的关键，除去前面提到的发球与接发球，第三拍在羽毛球比赛中所占的地位是非常重要的。无论是从技术层面还是从战术层面来讲，第三拍的回球质量直接决定了接下来比赛的走向。在挥第三拍之前学生就要做好相应的心理准备。

在决定进攻战术时，需要考虑的方面包括对方的站位和对方的打法特点。

第一，根据对方的站位决定进攻战术。在真正的比赛过程中，对方的站位是在实时变化的，因此进攻一方需要根据对手的站位进行战术的选择。明确了对方的站位意图，就相当于掌握了对方进攻或者防守的意图，就可以采取相应的战术对对方的薄弱环节进行扣杀或放网。

如图 6-12 所示，对方把球打到我方左后场区域位置，在对方的两名运动员中，甲 1 的防守能力强，甲 2 的防守能力弱，在防守的时候甲 1 一般会主动地移向甲 2 这一边。如果在进攻的时候，仍然遵照进攻中路的战术原则，就正好合乎对方的防守习惯，把球的攻击点落在防守能力比较强的甲 1 身上，这就是不明智的选择。此时需要做的就是针对对方防守的弱点进行攻击，以两位防守队员的站位来讲，最恰当的落球点就是靠近甲2所站的位置，也就是图中的浅色阴影区域，深色阴影区域表示不合理的攻击区域。

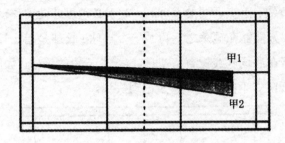

图 6-12 攻击区域（一）

在中路进攻的战术运用中，回球的落点应由对手当时的站位以及击球落点共同决定，下面以图 6-13 为例来说明。对方的甲1或甲2球员在接到我方的进攻球以后，肯定会选择把球挑到我方的右场靠近边线的位置，挑球之后的站位也一定会与我方的击球者成一条直线，如果这个时候杀球的落点同样还落在中线的位置上，即图中的深色阴影区域，就很难达到中路进攻的战术目的。这时选择将球扣杀在中线稍微靠左一边的位置上，即图中的浅色阴影区域，是比较合理的。

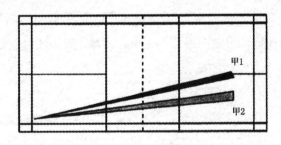

图 6-13 攻击区域（二）

第二，针对对方打法的特点决定进攻战术。在比赛中，具体的进攻战术要根据对方的打法特点来确定，并不能根据自己的打法习惯来确定。例如，当对方两个人都是防守能力比较强的队员时，我方就可以攻击对方的薄弱点，即以诱攻和防守为主，找到最佳的机会，进行反击。进攻越沉稳、越持久就越能攻破对方的心理防线，所以攻方要做好持久战的准备，多采用吊杀与杀吊结合的战术，稳扎稳打，找准机会进行重杀。

当面对速度快、落点近网的杀球时，对手必须迅速向前移动，通过挑球把球救起。如果我方能够在短杀之后再杀一个长球（长球是指比较平的杀球，球从肩上擦过，落在后场底线位置），即打出一长一短的杀球（如图6-14所示），对方就容易出现防守上的漏洞，甚至出现失误。

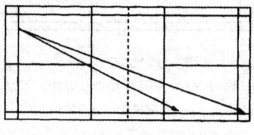

图6-14　一长一短杀球

2.双打防守战术

（1）挑两底线平高球防守战术

这种防守战术是将球挑到进攻者的后场区域，在应用中如果进攻方攻直线球，防守方就挑斜线对角；如果进攻方攻斜线球，防守方就挑直线球。具体来说就是"逢直变斜""逢斜变直"。这样极易造成进攻方出现移动慢或移动不到位的情况，会使他们很难在最佳的击球点击球，如果此时他们盲目进攻，就会出现有利于防守方反攻的机会。

（2）诱攻并反拉斜线平高球防守战术

我方在处于被动状态的时候，首先需要做的就是将球打到对方的右后方，使对方球员在右后场区进行击球进攻，然后再斜线挑球至对方的左后方，这是获得主动权的防守战术，也就是让对方先进攻，然后通过防守使进攻一方扩大移动范围，消耗对方的体力，抓住对方进攻的漏洞，适时进行反击。这在女子双打战术中是最为常用的战术之一。

（二）双打战术训练

双打战术的发挥与个人的竞技状态有直接的关系，羽毛球的双打战术训练通常会依赖单打战术的训练方法。其中，在单打战术训练中比较常用的多球训练法和多球对练法也是比较常见的双打战术训练方法。

多人战术陪练训练法是一种能全面提高学生防守能力的训练方法。通常，进攻一方为三个人，其中一人在前，两个人在后，防守方为两个人，这样做能够全面加强防守人员对防守策略的理解与运用。

此外，采用实战训练法有助于全面提高学生的双打战术能力。

参 考 文 献

[1] 董金果，张薇，于洋，等.基于智慧校园视角的大数据在体育教学中的应用研究[J].赤峰学院学报（自然科学版），2024，40（5）：14-17.

[2] 高会涛.基于VR的道路桥梁渡河体育训练模拟系统[J].防灾减灾工程学报，2023，43（6）：1497-1498.

[3] 胡朝文.高校体育课程中篮球教学的现状及创新：评《篮球教学与训练》[J].科技管理研究，2022，42（23）：257.

[4] 胡意志.体能训练在高中体育教学中的创新[J].科学咨询，2021（35）：173.

[5] 黄义强，喻龙，傅锦涛.现代体育教学创新与运动训练发展研究[M].长春：吉林摄影出版社，2023.

[6] 姜懿轩.体育人文精神在体育训练中的价值与意义[J].当代体育科技，2023，13（27）：191-194.

[7] 焦广识，钱坤，王俭.体育教学创新与运动训练研究[M].长春：吉林出版集团股份有限公司，2023.

[8] 李国帅，王静.社会力量参与学校体育教学的协同治理研究[J].体育科技文献通报，2024，32（5）：140-145，154.

[9] 李荔.高中体育教学对学生体能训练的创新探索[J].教育实践与研究（B），2022（6）：53-54.

[10] 李鹊.智慧硬件设备在初中体育训练中的应用研究[J].文体用品与科技，2024（3）：196-198.

[11] 廖裕威.大学体育训练的创新原则与教学设计[J].文体用品与科技，2021（23）：165-166.

[12] 林平.学校体育训练中体育器材的合理应用探析[J].文体用品与科技，2023（22）：164-166.

[13] 刘成维.高校体育教学创新与运动训练发展研究[M].延吉：延边大学出版社，2023.

[14] 刘达天，王一鸣，王晓梅，等.体育训练中技术细节训练的策略[J].拳击与格斗，2024（7）：52-54.

[15] 刘招菊.体教融合视域下体育教学的问题审视与出路[J].当代体育科技，2024，14（15）：132-135.

[16] 刘正统，马进.基于人工智能的智慧体育训练辅助系统设计[J].文体用品与科技，2024（3）：178-180.

[17] 罗力恩.运动健康生物化学在体育教学和运动训练中的应用[J].热固性树脂，2024，39（3）：73.

[18] 马鹏涛.高校体育教学改革创新与科学化训练研究[M].北京：新华出版社，2018.

[19] 孟凡海，马兴红.体能训练与体育教学创新研究[M].长春：吉林出版集团股份有限公司，2023.

[20] 彭文耀.高校体育教学模式改革创新与科学化训练研究[M].长春：吉林文史出版社，2023.

[21] 彭筱，聂鑫，李玉.体育训练与教学模式创新[M].长春：吉林摄影出版社，2023.

[22] 任栋栋，慕明.基于互联网＋移动时代智慧体育教学改革研究[J].文体用品与科技，2024（10）：154-156.

[23] 沈建敏.体育教学创新与运动训练研究[M].北京：新华出版社，2018.

[24] 沈丽娟.感觉统合训练在体育教学中的创新应用[J].小学教学参考，2023（24）：48-50.

[25] 施悦.高中体育教学中体能训练的创新体系研究[J].基础教育论坛，2022

（5）：71-73.

[26] 孙大鹏.教学与训练高校体育训练创新的意义、原则和策略研究[J].体育风尚，2023（7）：137-139.

[27] 孙逸夫.在田径体育教育教学中实施愉快教学的建议[J].体育世界,2024（5）：97-99.

[28] 唐为鹏.现代信息技术手段在体育训练中的创新运用[J].拳击与格斗，2024（1）：124-126.

[29] 王大春.试析高中体育教学中定向运动训练的应用与创新[J].武术研究，2022，7（6）：152-156.

[30] 王冠霖.体育器材使用训练对于运动表现的提升分析[J].文体用品与科技，2024（4）：157-159.

[31] 王佳祺.高校体育篮球训练教学现状与创新[J].当代体育科技，2020，10（36）：109-111.

[32] 王平.基于OBE理念的体育教学论课程教学模式探索与实践[J].当代体育科技，2024，14（15）：67-70.

[33] 王启东.体能训练在高中体育教学中的创新探索[J].亚太教育,2022（6）：73-75.

[34] 魏凡.学校体育器材使用与训练的注意事项与优化分析[J].文体用品与科技，2024（6）：160-162.

[35] 吴翻平.高中体育教学中体能训练的创新体系探讨[J].新课程，2021（41）：180.

[36] 郗鹏，孙俊涛，曹旭.高校体育教学创新与科学化训练研究[M].长春：吉林出版集团股份有限公司，2023.

[37] 谢媛媛.基于虚拟现实技术的体育训练模拟与优化研究[J].冰雪体育创新研究，2023（22）：185-187.

[38] 谢媛媛.体育训练中人工智能技术的运用研究[J].当代体育科技，2023，

13（34）：185-188.

[39] 徐永璞. 高中体育教学中体能训练的创新策略研究[J]. 学周刊，2023（30）：151-153.

[40] 许世文. 计算机虚拟现实技术用于体育训练的研究分析[J]. 科技资讯，2023，21（17）：235-238.

[41] 许文兵. 体育训练中信息技术的发展趋势与前景[J]. 文体用品与科技，2023（22）：131-133.

[42] 杨丰旭. 基于心跳探测的体育训练强度自适应监测系统[J]. 自动化技术与应用，2023，42（7）：25-28.

[43] 杨雪珂，熊先青. 体感交互技术在体育训练产品中的设计应用[J]. 家具，2024，45（1）：5，92-96.

[44] 于成喜. 思政视域下体育课程协同育人的路径研究[J]. 当代体育科技，2024，14（12）：132-134.

[45] 翟如荣. 高中体育教学中体能训练的创新体系研究[J]. 考试周刊，2021（16）：107-108.

[46] 张丹，石红. 基于物联网和可穿戴传感的新监测技术在体育训练中的应用研究[J]. 文体用品与科技，2023（21）：196-198.

[47] 张海涛. 关于现代信息技术在体育运动训练中的应用探索[J]. 文体用品与科技，2024（1）：175-177.

[48] 张昊，尹文荣. 新兴科技在体育训练中的应用：基于虚拟现实和增强现实的研究综述[J]. 黑龙江科学，2024，15（3）：147-149.

[49] 张帅奇. 基于可穿戴设备的体育训练即时数据采集方法研究[J]. 自动化与仪器仪表，2024（1）：21-25.

[50] 张卫杰. 简析高中体育教学中体能训练的创新体系[J]. 当代体育科技，2020（17）：33-34.

[51] 张晓川，高健，任翔. 体育教学改革创新与训练实践研究[M]. 沈阳：辽

宁人民出版社，2023.

［52］张秀林.体能训练在高中体育教学中的创新［J］.新课程，2021（23）：179.

［53］张雨竹.学校体育训练中体育器材的科学应用探究［J］.文体用品与科技，2024（3）：142-144.

［54］郑禹豪，吉宵，王江涛.智慧体育教学环境建设与创新发展研究［J］.文体用品与科技，2024（8）：175-177.